潤于日記

（三）

六月初一日晴

午後過睎民招同柳質卿劉永詩夜飲

余廢居已七年思卜地為偕隱計意在江南質卿言木瀆有葛園錢氏端園葛園有樓可居春属上池宜荷芰端園後即靈巖山館舊址聞之神往攷吳郡志靈巖山即古石鼓山又名硯石山董覽吳地記崇郡國志曰吳王離宮在石鼓山越王獻西施於此山山有石馬望之如人騎馬有石鼓鳴即兵起亦名硯石山又有琴臺在其上越絕書云吳人於硯石山作館娃宮劉逵注吳都賦引楊雄方言云吳有館娃宮吳人呼

美女為娃，故三都賦云幸於館娃之宮，張女樂而娛羣臣，今吳縣有
館娃鄉，又云硯石山有石城，去姑蘇山十里，闔閭養越美人於此，上有
兩湖，湖中有蓴充貢，樹似[illegible]，靈巖山以上皆黃臨所記，今名硯石山上
有吳館娃宮、琴臺、響屧廊，有西施洞、硯池、翫月池，琴臺下有大偃
松，山下平瞰太湖及洞庭兩山，山前十里有采香徑，梁天監中始置秀
峰寺，今為顯親崇報禪院云
初二日陰雨
得沈丹曾書
閱南史后妃傳，齊高昭劉皇后傳，炒胡麻始內薪，未及索火，火便自然，此

特證有餘只耳何足為異而侈為奇瑞梁武丁貴嬪生而有赤痣在左
臂又體多疣子至是並失所在夫疣子一朝蛻去亦事之常何足異也後
主沈后陳亡入隋煬帝恒令從駕故蕭后亦入突厥蒙醜聲宜矣其
他所敘亦多穢迹似正史之體不應若此又閱北史后妃傳如魏以道
武開基絕阮失於限斷后妃亡並附夫史例文宣段昭儀傳婚日韶妻元
氏為俗弄女壻法戲文宣文宣銜之後因發怒欲殺元氏疑其怯甚
虐侮過於大俗之鬧新房者此俗浙江皖南尤甚北方則無之也馮小憐之賜代王達甫習
達妃所云無恥之尤周靜帝之后司馬氏嫁為隋司州刺史李丹妻司
陳沈后均至貞觀時猶存雖皆失節之后並覩見隋亡亦是快事若

後主以仁壽四年卒年五十
二則后至大業中已將六十
矣韓翃擬陳書謂卒以後
後疑誤亦大謬也
蕭后之歸以貞觀二十一年
卒年七十四大業十四年寓年
四十四后為瑪姊晉王元妃帝
遇弑年五十則后之當存五
十以下四十四以上矣所又作一死
史無醜穢之事北史隋書
均殘其年歲程人疑讓
李延壽作史實違陳置
后於武豫縣之上著其妻
於焊一種尤可怪蓋深悉
廣以及后耳並后史此無

澗于日記

辛卯下

二

豐潤張氏澗于草堂

恥之流述志一賦以堪務
憫然爲難而自至

使之共論南北廣興不更勝白頭宮女乎

初三日 雨

鞠耦生日夜煮茗談史甚樂

魏崔浩性不好老莊之書每讀不過數十行輒棄之曰此矯誣之說不近人情必非老子所作老聃習禮仲尼所師豈設敗法之言以亂先王之教袁生所謂家人筐篋中物不可揚於王庭叢竇太后好老子轅固以家人言折之實有儒生衛道之功至伯淵深蔑解功成名遂身退一言何至受禍惜其不讀竟五千言也儒林劉獻之傳博觀羣籍見名法之言掩卷而笑曰若使楊墨之流不爲此書千載誰知其

小也曾謂其所親曰觀屈原離騷之作自是狂人業名法与楊墨迥異不知獻之何指北魏時諸子之學如此宜百家並各蝕滅殆盡矣魏書儒林傳亦少通儒如陳奇北人修奇可常非馬鄭觧經失旨始注孝經論語頗傳於世与游雅論天与水違行不合不以敘用雅以蔥領以西水皆西流奇以蔥領以西豈東向望天析之並雅此說豈黃扶馬鄭者直意說耳奇竟以此致禍殊可笑也獻之講左氏至隱八年便止云義例已了是何家法張書貴三國之中兼讀杜服而好為說說此業安能久傳劉蘭排毀公羊又非董仲舒史稱仲舒為崇之宗必並並想見其色厲內荏安有名儒而為厲〻安有名儒而見〻厲者此

六史識之陋也

初四日晴

得石聘之書 過晤若范肖堂在坐

北齊李鉉傳 寶鼎渤海人 撰定孝經論語毛詩三禮義疏及三傳異

同周易義例合三十餘卷 又作字辨

刁柔 子溫饒安人 留心禮儀氏族參議律令 魏收勒成之際志存偏

黨為時論所譏

馮偉 偉節安喜人 明禮傳寶鼎弟子 張買奴 平原人

劉軌思 渤海人

鮑季詳 渤海人 禮 左氏春秋

邢峙 士峻 鄭人 三禮左氏春秋

劉晝 孔昭 阜城人 受李寶鼎三禮 馬敬德服氏春秋

馬敬德 河間人 左氏 子元熙 長明 以孝經授皇太子

前敘言張買奴馬敬德邢峙張思伯張雕劉晝鮑長暄王元則

並得服氏之精微皆徐遵明門下也而本傳則甚略

權會 正理 鄭人 鄭易 詩書三禮 明風角識多象 注易一部

張思伯 樂城人 左氏傳撰刊例十卷 亦治毛詩章句

張雕 中山北平人 尤明三傳

孫靈暉 武強人 惠蔚族曾孫 三禮三傳皆通宗旨

子萬壽博涉羣書禮傳

張景仁因胡人何洪珍中人鄧長顒進所工草隸而已豈宜列之儒林与石曜以不于十卷言甚淺俗而濫廁其間皆可異也

初五日晴

周書儒林傳一家謹嚴有法盧景宣偕五禮長孫紹遠正六樂以官高不入入儒林僅六人皆碩學也太祖世宗高祖三代重儒故其效如此北史去二盧光合

盧誕涿人

盧光景仁辯弟撰道德經章句精三禮善陰陽鍾律又好玄言

沈重德厚吳興武康人行世者周禮義三十一卷儀禮義三十五卷禮記義三

中卷毛詩義二十八卷喪服經義五卷周禮音一卷儀禮音一卷禮記
音二卷毛詩音二卷
樊深文深 河東猗氏人 孝經喪服問疑各一卷七經異同說三卷義綱略
論並目錄三十一卷
熊安生植之 阜城人 周禮義疏二十卷禮記義疏四十卷孝經義疏一
卷
樂遜遵賢 河東猗氏 著孝經論語毛詩左氏春秋序論十餘篇又著春
秋序義通賈服說發杜氏違辭理並可觀
熊植之實北方儒宗而於史紀其為或所誚目熊光老謙遂年相詆乎

率族向隊而歸復見徐〻才和士開因其諱雄諱安乃稱翁〻生殊
爲煩猥

初六日晴

得唐鄂生書寄復伯潛一緘附沈丹曾復信

南北史雖總〻書而刪繁去複體例亦未畫一如輯其遺事為〻
作注因以攷其得失亦一快也晉書注解脫稿宜即從事於此陳書
何〻元傳〻元屏絶人事銳精著述以為梁氏肇自武皇終于敬
帝究其始終起齊永元元年迄于王琳遇獲七十五年草創為三
十卷號曰梁典一書分為六意〻一日追述二日太平三日世祖（敘亂四日）五日敬帝六

日後嗣王而削太宗大寶不書北史許善心傳父亨著梁史未就善心修續父書為七十卷其傳今載其目與姚書不同使取之以校梁書亦一代得失之林也道光間董太守濂樵運使嘗有意注南北史延諸名流以一年為期不果成今惟汪梅村補志十餘卷亦尚闕佚

初七日晴

季士周來談

熙河棄地本末創於司馬溫公其大旨以真宗割靈夏等州除趙德明為定難軍節度故事其與執政書深以徼為邊患更出不遜語為憂其後范堯夫依違文潞公附和而言路如蘇轍劉摯王巖叟亦皆力

主其說惟安燾在政府林旦在言路稍持不可棄之說二人固皆章臣餘黨呂文請報以蘭州乃蕃地非夏境為言然五寨則置不論舉朝怯懦庸闇如此不獨為夏人所狎為元祐諸人所笑直為誤國戲蓋自貽伊戚而已當宣仁手詔垂問呂大防范純仁時徽仲請會州一路更不攻取而棄地則不但弱國威而又有取侮四夷之端因論今日西夏無繼遷元昊之強若邊帥奏用武人固無足畏強極雄鑿覘范之問錄塘寨者迥異而溫申二公竟不轉圜專以息事安人為勝算并棄四砦以易永樂之俘輕棄險要積長敵驕其時秉常已卒夏勢日衰凡溫公所慮無一中者較之決段彼法所見尤迂謬也

吾嘗謂宋無人焉邢元祐而為元符洛蜀日相攻擊亦非所政何稱凡以類皆援小人以紹述之隱而往曰天祚大宋必無是事乎

初八日晴

劉獻夫來范肖堂言其鄉人鄧家祥嘗從獻夫延請本至合肥為之作合獻夫之屬金代陵鄧庚午同年優貢也字云庄升上通州人

余嘗疑范純夫劉元城論哲宗覓乳母事以為可疑范疏有閏之有近幸宣仁密加啟發論之疏章惇以為劉范似太過及觀通鑑長編所采曾布日錄述哲宗病狀又歎二公之杜漸防微為不可及腰痛液泄吐血數遂無一非好色之證元符豈猶自戕其生

深負宣仁保養之勤永裕付託之重耳觀責降韓才人為紅霞帔
謂其於哲宗服藥時猶使氣驕恣可想矣

初九日晴浴　午後鄧碓卿來
元祐諸賢如山谷之罹黨籍尤為可歎山谷在元祐時入史局兩次
還官一為趙挺之所彈一為錦川所駁終不得進一階書敕請封
其母蓋恩叙官必為人所嫉也乃命下之日其母即平安康之
若亦為虛耗殊可悲痛服闋而朝局已變謫命旋行踣國之
初乞太平宮而終以文字之禍貶死宜州終其身竟無展眉
舒氣之一日較之義山之厄於令狐不同一揆僅乎江西一脈昌於身

後張孝友潛德積久必發之故與

初十日晴傍晚黑雲如墨

李子木自都回

魏柏鄉兼濟堂集余篋中有之今不知遺落何所矣偶於邸本中見其李淳風論云太宗以秘記有唐三代之後女主武王代有天下詢李〻對曰其人已在宮中不過三十年當王天下殺唐子孫殆盡後其言果驗世莫不神其數余以為太宗取巢剌王妃家法不可言高宗後尤而效之武氏之禍實太宗釀成使李淳風勸之正刑于之化高宗他日不致瀆亂武氏何由得入掖庭何對不及此而徒以天之所命人不

能遣使太宗誘諸數〻無可如何耶持論甚正然太宗亦同類似

殺人李洪言止其妾殺實為謫謀即如少所言太宗操其近禍

亦未能因之悔禍蓋太宗參武之事實過於殘忍遂啟元吉既

死並及諸子盡戮之尤令高祖難堪武氏盡殺唐子孫以

數其慘毒而承乾謀反濮王奪嫡之事以令帝親見之晚

歲亦殊可憐惡其設心太酷即求年備有亦不能解武王之識

矣余嘗謂中宗睿宗均是庸才使武后不除朝稱制彼中

宗之昏庸自嗣聖以下豈能不知秉政之弊又將如何故長孫

無忌勸之晉王實亂唐之斷路有天焉

于艸堂石影

十一日晴

得省三金陵書洪翰香來

趙則平最不忠於宋太祖一誤不可再誤之說人盡知之殆由河陽一獄怨望實深致晚節披猖竊太宗微指以干進故曰是不足邪太祖中年普已不為所用矣如太祖以幽燕地圖示普普曰此必曹翰爲之太祖曰然翰可取否普曰翰可取孰可守太祖曰以翰守之普曰翰死孰可代太祖曰卿可謂遠謀矣又曰吾欲取太原普默然久之曰此非臣所知也太原當西北二邊使一舉而下則二邊之患我獨當之何不姑留以俟削平諸國則太原彈丸黑子之地無所逃矣太祖笑

日吾意正如此業而策何謬幸而契丹君臣亦無志中原耳設有桀黠之謀乘宋人經營江湘之會以銳師先擾太原則其烽直逼汴梁宋且無以為國矣夫取太原即以關中之邊將鎮之取幽燕即以中山之邊將鎮之何至選懦惟怯乃亦太祖為其所愚畢世不取太原即以此語告太宗後乃取諸童騃之手太宗既不如太祖之英武諸將功名既盛志氣已衰於是南北之勢成而宋卒不振矣然此亦由宋之得國其速易尚不及魏武而欲強混一區宇耳若夫太祖實由太祖負周世宗耳此一脈宋之朝政傳為秘授故專款遼夏以待金源之趁以至於此

十二日晴

復載之八弟各一書

兩淮南王皆冤獄也厲王驕則有之決無謀反之意其鐵椎椎辟陽侯為母報仇人子至性並死機邪伏於此觀薄太后及太子諸大臣皆憚厲王一語可知初以謀反谷谷令人使匈奴南越事覺治之及張蒼等劾治初無反迹可言而遽以棄市之罪斷之殊不可解既徙之嚴道乃至傳車不敢發封所以語侍者及不食而死果誰陰之而誰知之者其為兄弟不容明矣至淮南王安則尤拊循百姓好儒多文者其必以反死之者既由孝武之世陰行賈鼂之策而速禍者更有兩端修成

君王太后之愛女帝之大姊以其女妻太子還帝亦甚愛淮南矣而太子弗
愛三月不同席王閉太子太子終不近妃妃遂求去此失內援帝闈嫌之矣
是時故辟陽侯孫審卿善平津怨厲王殺其大父乃深購淮南事
於宏宏乃疑淮南有畔逆計謀深窮治其獄大獄之深窮治之毒
有不定為畔逆者定則淮南之死宜有力焉伍被所言多引漢
美浮夸無實而遷執其單詞援為鐵案何其愚故帝欲赦
被而宏謂被當誅蓋不誅被則鍛鍊淮南之逆著不若並被誅
之為無迹耳史公所敘歷歷如繪漢之寡恩於所不見悲夫
高誘以伍被為八公孫矣

十三日晴醅熱

鞠耦小病李菁臣來得頌氏書

汪容甫作荀子年表尊荀卿至矣然汪氏知卿之傳經不知焚書坑儒之禍亦卿為之斯為卿之弟子其相秦也請諸有文學詩書百家語者蠲除去之嘗入秦之始辭於荀卿以詬莫大於卑賤悲莫深於窮困為言卿不聞有所匡正也物禁太盛之說亦保身之義而非衛道之言蓋平時以性惡之說導諸弟子故韓非李斯所學不同之肆悖刻又平日排斥思孟游夏諸賢欲以己之所學直接洙泗駸駸以師道自居故斯之言雖白黑而定一尊欲盡滅六經百家而獨存其書

故自西漢之初經學皆由荀出則蘭陵之計已同去秦隱行之亦由王安
石之經義字說以秦下而益當也容甫見不及此反以為荀卿之功無
乃墮其術中乎

十四日夜大雷雨

翻閱愈適得顧韶女士畫冊十二幅相與展玩以袪睡魔

使臣將命專對如春秋所紀粲然可觀至三國志則頗著吳之
辭令費禕傳孫權性既滑稽嘲啁無方諸葛恪羊衜等才博果
辯論難鋒至是也如伊籍傳權逆折以辭籍適入拜權曰勞
事無道之君乎籍即對曰一拜一起未足為勞及張溫使蜀亮從

秦宓至溫問天有頭天有耳天有足之類宓曰天有姓乎宓曰姓劉
溫曰日生于東宓曰雖生于東而沒于西一時辯論縱橫容亦何關
使事而運籌累牘以為美談至鮮儒傳西使張奉於權前列
闞澤姓名以嘲綜綜因有有犬為獨無犬為蜀橫目苟身虫入其腹
無口為天有口為吳君臨萬邦天子之都且附會以為諸葛恪事
稗之事實則與我伍倫之梯非敵手折衝之選也南北朝比
風尤熾凡涉使臣刺刺不休嘲謔相鍾是亦不可以已乎
其原出于晏子春秋戲劇家實皆傳聞粉飾之詞而孫
仲謀乃劇以陋風可歎也

廿五日陰夜月色皎然

魏志劉馥傳表為揚州刺史單馬造合肥空城建立州治廣屯田興治芍陂及茹陂七門吳塘諸堨以溉稻田至今為用子靖鎮北將軍遂開拓邊守屯據險要又修廣戾陵渠大堨水水經注作戾陵堨戾陵乃薊王旦之陵似當作戾陵渠溉灌薊南北三更種稻邊民利之賈逵傳為豫州刺史遏鄢汝造新陂又斷山溜長谿水造小弋陽陂又通運渠二百餘里所謂賈侯渠者也任峻傳潁川棗祗建置屯田太祖以峻為典農中郎將數年中所在積粟倉廩皆滿軍國之饒起於棗祗而成於峻杜畿傳為河東太守漸課民畜牸牛草馬下逮雞豚犬豕

皆有章程百姓勸農家々殷實鄭渾傳為下蔡長邵陵令所在
奪其漁獵之具課使耕桑又兼開稻田為陽平沛郡二太守郡界
下濕患水澇百姓飢乏渾於蕭相二縣興陂遏開稻田一冬間皆成
比年大收民賴其利刻石頌之號曰鄭陂梁習傳為并州刺史表置
屯田都尉二人領客六百夫於道次耕種菽粟以給人牛之費觀司馬
芝以諸典農各部吏民末作治生以要利入即奏管子區言以積穀
為急武皇帝特開屯田之科專以農桑為業云云是徵魏武能
用管子之術其陂渠耕桑之利南至揚豫至薊安得不國富
兵強乎今寘農事不講而於末務求富強非管子之得也

十一日陰夜雨

昨夜觀月感涼甚倦睏昆來診良久始去遂昏臥竟日

孝成許皇后善史書常寵於上乃因連失子女旋為趙氏所譖廢

至自殺殊可哀也班氏於后傳敘錄美班倢伃救於后多抑詞令

細玩后實冤甚蓋其始王鳳為許嘉爭權上既退嘉並鳳猶

不佑許氏故谷永專以日蝕之咎攻後宮既為鳳解並為鳳傾

后姊謁祝詛後宮有身者及鳳等此出趙氏之譖而皇太后主

之故后坐廢而班倢伃全其後因姊孊與定陵私通誣及后此出王

莽之譖求一擯閉遷賜之藥夫后之廢定陵佐帝以立趙后豈

后不知之安能折節乎長姊自長与其姊謁詞鍛鍊成獄而班氏
不為之剖白后身已死而以逆並不能明此尤可悵也其下云后寵時
後宮希得進見尤為謬論使得非由少使大幸為倢伃居增成
舍乎孝平非由倢伃者賜姓衛者乎觀谷永許班並論則成慶之
先班已陰与許敵將歷之際趙又明与許爭班以供養長信令
許以王鳳不依歷情逆題甚矣劉向以當維与孝惠孝昭同已斷
宮孝成之亡嗣与谷永義異且其指實在王氏而五行志於何
平三年後日食但存谷永而不及向一若向未嘗言災異者何也蓋
向言後宮盛亡兼許班而同謂之耳 既言論許班帖谷永而本傳又云果向所主言之混而但屬亡嗣
永云後宮驕僭無時輿不至以實在東殺了

適潤張氏潤

十七日雨

已愈而人甚倦怠，欲枕讀叢集一卷

米襄陽研史云：端州四巖：下巖、上巖、半邊巖、後礫巖。下巖第一，石細，眼圓翠暈，作鸜鵒眼，前賜史院官硯多是。後來皆上巖，乾紫色，理粗性硬，眼黃不圓而青色淡。巖深處間有潤者，而眼終不如下巖也。半邊石理同上巖，眼長如卵，有瞎眼，有死眼，有翳眼。後礫間有細軟者，土人不貴，別有葉樾。端溪研譜云：下巖水底腳石十條於南壁，石南壁十條於中巖北壁，石半邊山南諸巖條於中巖南壁，石蓋後歷衆下耳

十八日晴 是日天氣又熱

史大令恩培來以所撰遵化志見示體例似更效隆殊寧益壽芙省志因未細檢可歎也余久竊鄉曲思得志乘善本以資披覽而舊志極陋因是有志纂其不佞不料畢竣如此

晚崔稼赴州為挺孫輩乳錄遺卷得允言書內附安挺第七書言舊疾時動重陰亦甚草草殊可慮也

閱寧山閣所刻難經集注以錢序云命門二字並不見於內經素問刺禁論七節之旁中有小心楊上善以為腎馬元臺以為心包亦無命門之說後人謂命門在兩腎中間形如胡桃既真無稽之談而俗醫因靡然從之

難經之意不過以腎為一身之根本人身有血有氣血為陰氣為陽兩
腎之中以右腎為尤重故名之曰命門所謂兩腎分別有命門也今粱
俗醫聞謂兩腎之外別有命門此亦不足置辯 難經要旨既以腎為命門
實有將見錢氏必斥之柱氏何也惟難經所云肝重四斤四兩心重十二兩脾
重二斤三兩肺重三斤三兩腎重一斤一兩膽重三兩三銖胃重二斤二兩小腸重
二斤十四兩大腸重二斤十二兩膀胱重九兩人有長短肥瘦之不同何得合九州
而例之當擧以何等身寸人何等年齡為準長不過若干短不過若干
方能以特目驗諸一人而以之齊天下之人宜其久而無徵不信也大氐五行
之說家易支衍人生不分五行而必分別部居雖立五行之目又異於一支一節

之中無不五行者五行全而業亦全矣不獨醫門近凡中國之說經論事但執以五行陰陽之說便拘牽不適道故余為漢學必破去五行方有真理于政以洪範五行說災異則具苦心且其分别不繁瑣故亦不足之動駐災異自應警懼必舉一事以應之則禳厭之說又借以售奸矣

十九日夜雨

復八弟之書午後聞弟代理富陽篆廉缺

馮貴興曰圩田湖田多起于政和以來其在浙間者隸應奉局其在江東者蔡京秦檜相繼得之大槩今之田昔之湖徒知湖中之水可

涸以墾田而不知湖為之田將奪而為所也主其事者皆近倖權臣是以委鄰為壑利上困民皆不以聞涑水紀聞言王介甫欲興水利有獻言挍涸梁山泊者介甫然其說但恐無貯水之地劉貢父言在旁別穿一梁山泊則可以容之矣介甫笑而止當時以為戲談今觀建康之永豐圩明越之湖田大率皆涸梁山泊之策也余謂治水之策必有地以資瀦蓄今北方之水之淀之泊稍就堙塞墾為田疇民奪水之地非水奪民之地也黃河亦然欲治水者除水患當持久興水利當留餘積知淤澱之可田而不知占地之害水亦宋以後治水一大病也

二十日　午後大雷雨入夜未止

復安婿書由都轉寄（今年第六書也）

余前以杜預附公閭為謬觀為律作注一端可知齊書晉張斐杜預共注律二十卷自泰始以來用之律文簡約或一章之中兩家所處生殺頓異臨時斟酌吏得為姦永明間尚書刪定郎王植之集定二注表奏之觀此知元凱偏頗不難晉世發之伏綫為後人摘其瑕矣蓋後世定律令者動遭横禍晉之律令修於賈充其女南風卒及禍孫謐同日誅死此或成濟一事漏網不盡由修律之苟魏太武神䴥中崔浩定律令亦[illegible]誅夷三族隋文帝時令高

熲等更定新律至大業時熲亦遇禍唐貞觀元年詔長孫無忌房
玄齡等復定律令至高宗時房之子及長孫相繼以罪誅其故何哉
獄者天下之大命定一獄之輕重所出入不過一二人定一條之輕重所出入至
於千餘世不知幾千萬人矣當事者視定律如修史漫不經意則其罪
固不可不示以重罰此天地好生之德與其之理非果報之談也或云蕭
何因秦律其得禍當甚於隋諸人而慶流後裔者何由曰更定之矣
漢興破觚為圓斲雕為朴網漏於吞舟之魚而吏治烝烝不至於姦
遠者律未嘗苛密也漢之酷自呂后始而文景因之不革至菹
醢韓彭則又高祖意旨所謂三尺何出也

二十日微雨漸霽

復宋嶧一函

閱見前錄太祖遣曹彬伐江南臨行諭曰功成以使相為賞彬平江南歸帝曰今方隅未服者尚多汝為使相品位極矣豈肯復戰乎更為吾取太原因密賜錢五十萬邵伯溫以惟名與器不可假人謂太祖得之余謂邵說非也治國之經不過信賞必罰太祖以曹彬之德任將帥既許以使相之賞而事成後有反汗之言何以勵臣子而傷軍行哉作法若此故軍功之賞最輕而遼夏終不能混一耳

二十一日晴

寄八弟書

余在塞上頗思取許氏說文諸易以許自云孟氏易也有解六十四卦名之解有不可通處因之中輟及閱文獻通考鼎以道古易亡取許氏所云先得我心以與嚴李氏謂晁氏專主於學為呂氏不相祖述而往之憶合呂謂呂大防與晁也余謂易之道廣矣大矣秦火所不焚而自兩漢以來其旨愈傳愈晦理數兩論分之固非合之亦不盡是三聖人之理數晦而不明耳就宋而論伊川東坡漢上三派亦各有見皆出龔漢上朱子於東坡易傳列入雜學辨中亦明于是而已化文達云易家著作太多真淵是之徽結之談也

二十二日晴

蘭耦蓄荷葉上露珠一甕以洞庭雨前瀹之葉香茗色湯法露英也

美具盦蘭駢小品遂至夕照衡山時管書未暇校注也

閱阮文達宋書音學論語筆談兩種

經籍纂詁不采說文廣韵極有見其後又以說文廣韻入補遺

何也不采說文則可入補遺則不可

許劭評曹操為清平之姦賊亂世之英雄其能拔士至與林宗

並稱許郭范史稱其守節好恥然子將實非知人者知王宏之

將亂欲避地以全老幼而不能從陶謙劉繇間遂爲策平吳所

縣南奔豫章而平其流離顛沛觀劉繇可想矣太史慈暫渡江至曲阿或勸繇可以慈為大將軍繇曰我若用子義許子將不當笑我耶是子將不但無益於繇實有損於繇者烏能知人許靖與劭不協固因以此閒月旦著亦自避孫策走交州至多屬從妻子略盡然後乞哀曾以書又不得達晚年恒悍入蜀二與子將等裴世期議文休謀臣若斯難以言智孰若與張昭張日紘之儔因保元者余謂皆與子將並議也或謂文休為許貢王朗客子將為劉繇客故不肯依策此其有守處奚猶矣其量將人倫何以與許貢王朗劉繇輩交而不能得一奇士哉

二十三日晴

午後莊宵堂來晚過晦若小坐而季黃臣孟蓀過田齋中

杜徵子懋從趙郡還阮武謂之曰相觀才性可以由公道而持之不

厲器能可以處大官而求之不順才學可以述古今而志之不一此所

謂有其才而無其用可試潛思成一家言懋在章武遂著體論

八篇體性論一篇武所謂材之不屬世固有之似懋不足此求之不順

例唉笑語帳然力持公道即不能坐致大官也才學可以述古今而

志之不一家者聽於人集衆荀子所謂不兩而精也推此以為

讀書之法

二十四日晴

鐸民來說丹曾自閩至

閱溉亭考古錄錢岳原先生所學於九經小學天文地理靡不綜覈尤長樂律阮文達以為蔡邕荀勖之流其與王無言書云士君子讀書宜務知大者遠者餘俱可略是故于經宜考聖王之制作而不必泥于訓詁之說於史宜觀豪傑之謨略而不必留識志于事述國典之關乎世為有用之學昔之蘇明允取國策及遷固之史熟讀之遂自比於賈誼而王安石亦稱其宰相之材以明允之學知史不知經故遊於縱橫然不可謂非偉特之士也經術恢廓

二十五日陰夜雨

得樂山書病尚未愈也晚賓堂來談

宋沖晦勸郭林宗仕泰曰吾夜觀乾象晝察人事天之所廢不可支也然猶周旋京師誨誘不倦徐穉以書戒之曰大木將顛非一繩所維何爲栖栖不遑寧處泰納其言夫有道之隱志已決而猶不免周旋者范書傳所謂貞不絕俗也是可爲法萬人如海一身藏此之謂歟

黨錮列傳張儉舉劾侯覽及其母罪惡請誅之覽遏絕章表並不得通由是結仇通鑑則云覽喪母還家大起塋冢儉章遮截

本通遂破覽冢宅藉沒資財具奏其狀復不得御破異引袁紀
儉行部下平陵逢覽母據劍怒曰何等女子干督郵此非賊邪
使吏卒收覽母殺之范書苑康傳亦云儉殺覽母侯覽傳陳蕃傳
皆不云儉殺其母茅里殺之苑康不止徙日南也案儉自殺其母
康自捕其付黨故康以此徙日南不得以康未死刑遂謂儉未殺
覽母也或儉殺其母或破冢而毀其母屍所以覽銜恨入骨
必欲置儉死地一宦官之母有何關係因此禍宗親殄滅黨錮
徧天下儉亦失之過激矣然其時其母罪惡必有僭妄難堪
不得不殺之故惜無可考矣

于艸堂石影

二十六日午後陰

讀費禕傳以為禕不必疏遠甚疏自知才不逮武侯而以武侯數闚秦川道險運艱不若乘水東下乃多作舟船欲由漢沔襲魏興上庸此如子午谷奇計殊非上策然其意則与武侯同蓋漢賊不兩立非蜀并魏即魏并蜀也至禕則以坐相持不能於中夏成其功業以俟能者姜維每欲興師大舉常裁制不從与其兵不過萬人其意專主自守不知蜀非能守之國此即不為郭循所刺終亦為魏所困蓋大失諸葛本意矣延熙九年秋大赦孟光於眾中責禕謂赦乃偏枯之物禕但踧踖諸葛公以宮中之事屬董允

黃皓畏允不敢為非及禕以陳祗超繼允上承主指下接閹豎使
後主進怨允而皓勢日熾皆禕疏闊之咎也然則武侯重禕
者以其使吳能得權情非謂其足備股肱如琬之由武侯密指
耳

二十六日晴

得子涵書

武侯所以不用水軍攻魏者以先主伐吳時吳班陳武水軍屯夷陵夾江
東西岸及猇亭之敗兵盡棄船舫由步道還魚腹則所有船舫
均為吳所獲可知若大治戰艦則吳人疑忌所得不過魏之支郡矣

則舟械相為敵資且兩道大舉力固有所不及也卒之王濬樓船

風利不得泊美哉陳氏不能得之於操者濬乃得之於皓蜀之水軍

非不可用如琬之才亦懸慮之一得若事之甘於不遠遜相苟且草

率驟至於此豈諸葛臨終受代之意乎

二十八日晴

午後皞民來談晚仲璋過余齋小坐

隗囂之據西州初不納方望之言輒應更始之徵至季父崔兄義

謀叛歸囂竟告之誅死可謂忠矣及三輔擾亂乃稱疾勸兵復

亡歸天水盡據故地有功於漢又受鄧禹之爵恥為述臣遣子恂

隨來歆諮關使其一心終始何難比迹竇融所因王元王捷不顧
專心內事頑亦變計置囂子於不顧恥從光武而犄居于子陽
卒至身死國破其故何哉蓋失諸方望故後欲倚於王元不知
乃成兩錯也至王元乃爲囂畫決距隴之計自宜穿禦大吹毳之
惟不發則繼之以死方爲不負隗王乃隴亡降蜀蜀亡降漢吾不
知其何面目見季孟地下也元初拜上蔡令遷東平相坐墾田不
實下獄死疑光武君臣後知其說囂之謀以他事殺之耳

二十九日晴

劉巴傳注引零陵先賢傳先主欲遣周不疑就巴學巴答曰昔

游荊州時涉師門訓聞之學不足紀名內無楊朱守靜之術外無
墨翟務時之風猶天之南箕虛而不用賜書乃欲令賢甥摧寫
鳳之豔遊燕雀之門將何以啟明之哉愧於有若無實若虛何
以堪之潤不疑為先主甥是先主有姊妹也龐統傳注引襄陽記
德公子山民亦有令名娶諸葛孔明小姊為魏黃門郎早卒子渙
字世文晉太康中為牂柯太守山民所娶乃武侯小姊姊必不止一人是
武侯亦有姊妹也武侯子瞻所尚必是先主幼女漢壽侯之孫統費禕
之子恭所尚必後主女是直以君臣之故聯姻好而後主娶桓侯二女以女妻
安國之子先主與關張布衣昆弟之交亦可云累世不替也

三十日晴

魏志以二荀與賈詡合傳裴世期以為魏世如詡之儔其比甚多不論程郭之篇而與二荀失其類矣余謂世期此論殆失陳氏之意操之建魏以破袁紹為基紹以操敗於宛益驕操益出入變常戰獨以度勝謀勝武勝德勝策勝之遂先破呂布以為紹指於官渡及許攸來降言淳于瓊等將兵運糧將驕卒惰可擊眾皆疑之唯攸詡勸操詡傳又有明勝紹勇勝紹用人勝紹決機勝紹之說明以此賈事三人謀同龍同合傳之旨其以謀同袁曹當日成敗情事其以取平括之者曰此固操之取畢其此史識故成傳以優

薨明年太祖遂爲魏公矣劉裕而非惜彧也夫以劉項擬袁曹而

猶惜以公附豈能欺天下後世乎不特此也吾以爲詡造魏之功

更大於二荀何以言之卓死傕汜等亦欲解散而詡勸攻長安以

至于師被窘羣雄紛擾是炎漢之滅成於詡之一言漢之罪

魁圍鄴魏之功首矣然詡能造魏實亦滅魏子桓子建爭

立之際因詡一言而定使子建得立其少子志曰承帝祚則魏世

有長君之馬亦未能乘權得柄詡縱以智計用事實爲世

之愉人二荀爲之合傳其品可知世期盛稱彧攸不知陳氏固以

奸黨目之人非以功臣目之人也何韙其不類乎

七月初一日晴

得勞辛初書九弟亦有書至

鄧艾著濟河論，運漕灌溉之道。又以為昔破黃巾，因屯田積穀於許都以制四方，今三隅已定，事在淮南，可省許昌左右諸稻田，并水東下，令淮北屯二萬人，淮南三萬人，十二分休，常有四萬人且田且守。水豐常收三倍於西，計除眾費，歲完五百萬斛以為軍資。六七年間可積三千萬斛於淮上，此則十萬之眾五年食也。以此乘吳，無往而不克矣。平蜀之後，請以隴右兵二萬人、蜀兵二萬人，煮鹽興冶，為軍農要用，並作舟船，豫順流之事。艾以

稻田守叢草吏而能鬬此形勝贍其智中使其不死則渾濬之
功全屬士載矣然艾之死未必不由於此司馬氏方營篡魏之策
使艾由蜀入吳戡定兩國威權震主挾之以助魏謀昭實非
昭所能御即其心不忘於魏而以吳蜀全土胥歸于艾手竟重
兵憑若敵國昭亦不能遽質令之即艾入而討之矣此其所以一
閒鍾會之譖即殺於檻車徵之也及蹤陷之後與王淩並膗
王後其意可知矣觀鍾會傳後昭於郿慎密計因會殺艾
後欲藉以殺會展轉陰忌視漢之葅醢韓彭尤酷而艾
會貪天之功在蜀社方遷而相宗從受之何為哉

初二日晴

孝達有雷論寄老再閱循吏孝子事以其父子皆非要人所喜

意頗遷回余謂再閱兩世能忤要人勝於循吏孝子實何必史館

有傳始傳哉然史之循不循子之孝不孝亦待要人喜怒而定耶

天下事可知耳

孔巽軒以公羊通義左穀之外全以繁露為主惜未取兩漢書中用公

羊說者推之即以繁露論亦未能疏通發揮也余讀繁露既服以證

管子而又恥其引論語以證春秋在蘊甚富如解莊二十三年公如

晉至河乃復以有疾則引內省不疚夫何憂何懼解介葛盧來少垂之

州公定來少惡之則引禮云禮云玉帛云乎哉樂云樂云鐘鼓云乎哉謂文公喪娶則引政逮於大夫四世矣美子反為宋平則引偏其反而及當仁不讓論宋宣穆讓立則引苟志於仁無惡解莒人滅鄫則引大德不踰閑小德出入可也若赦小過及論民先富後教治身先難後獲雖自厚而薄責於人攻其惡無攻人之惡誰能出不由戶何莫由斯道也引用之是為公羊家之違倒而引惟天為大惟堯則之謂桓文不道周室之不能霸引臣名無所首則以五石六鷁之辭為證博深切微之大義如取而紬繹之可以明公羊可以通論禮足引詩書孟子孝經三類亦時有意旨公羊引賢者之識大者也

初三日晴

得高陽書容民來談

孝宗問劉大夏曰卿前言天下民窮財盡祖宗以來征斂有常何今至此對曰正謂不盡有常耳如廣西歲取鐸木廣東取香藥固以萬計他可知矣又問天下軍若何對曰窮與民等帝曰居有月糧出有行糧何故窮對曰其帥侵剋且過半帝太息曰朕臨御久乃不知天下軍民困何以為人主遂下詔嚴禁按大夏此言千古軍民貧困之弊均不外此有國者所宜知也然禁有司之擾民易禁將軍之擾兵難是在明於擇帥耳

初四日晴

邵班卿來午後皞民至合肥以沈石田長卷（江天暮雪圖）見示与皞民同觀之西沅題趙秀書尾後拔闕為劉蓉峯所藏（蓉峯劉園主人也）展轉歸韓觀唐侍郎其子汲中以貽合肥

晉書疏舛有極可笑者華恒傳尚武帝女滎陽長公主拜駙馬都尉至東晉成帝時恒始卒而同卷中盧諶傳又云選尚武帝女滎陽公主拜駙馬都尉未成禮而公主卒諶旋沒于劉聰入石氏公主若一人既不能死而復生又不能於華恒未卒之先復選盧諶此抄合舊晉而失之不放者必有一誤

余最喜陸納祖言其延桓溫飲王坦之才彝在坐唯酒一斗鹿肉一柈不獨真率且其旁若無人之槩足以折驕倨之桓溫之乃更勑中廚設饌酣飲何其鄙哉及會稽王道子以少年專政委任羣小祖言望闕而歎曰好家居纖兒欲撞壞之耶忠愛憂危之悃溢於言表史稱其恪勤貞固始終不渝洵不愧斯言也

王述性急嘗食雞子以筯刺之不得大怒擲地雞子圓轉不止便下牀以屐齒蹍之又不得瞋甚掇內口中齧破而吐之而躋重任猶以亮見為用謝奕罵之述但面壁何也史官不實一雞子小事敘至五十字令人發笑

初五日晴

鏡江示詩翊至午後邸班卿送濂亭文鈔兩冊來乃武昌張裕釗所作也復高陽書

全謝山有讀魏相傳文云厚齋謂寬恭石顯之禍開於弱翁蓋其由許廣漢以進亦刑人也不能制恭顯明矣何義門非之謂弱翁欲由許氏以發霍顯弒后之罪耳附和霍氏則非其所為也予讀褚先生續史記相以府掾陳平等劾中尚書使之大不敬長史以下皆死或下蠶室甚則弱翁所附霍氏之昭文也宣帝以刑餘為周召其所由來者漸而宰相因以逢君厚齋未及此而義門亦攻之未詳也少孫之老

有時乞米者正類是也余謂翁覃溪相詆霍氏以報宿憾因許氏以國寵崇媚宦官以探內指謝山之論甚允嘗作魏相論與汪梅村大同乃改之作霍光傳後書於白霍氏之誣罪宦官之禍東漢之十常侍季漢之黃皓盡人知之而西漢已啟其端呂后之張釋卿不足論文有趙談北宮伯子孝武則李延年元則恭顯至於殺蕭望之死周堪張猛其毒甚矣而實孝宣釀成之且許后本刑餘之女豈宜匹任中宮元帝以廣漢外孫為天下主辱國甚矣豈非西漢亡於宦官也耶故吾謂宣非令辟相非賢臣也

初六日雨 家忌

余最不喜六朝人談南北史及八書詢無所得偶閱周兩膝所輯據華玄王容領選將加榮爵於人者每先呵譴責辱之若美相盼接必無所措人問其故答曰王爵既加於人又相撫勞便成與之分切若不者絕宜斂之分又不微借顏色即大欺惡府問者悅服謂之不覺見矣以爵位與人屏絕私請另去美先然而譴呵之其人若更宜受此譴訶卑求仕者加一二譴訶即居不敢每日相聆接無不勞謹其非詭誕乖常此與衛美顏真以寬傲以氣太重王秀之為晉平太守期月求還或問其故答曰此郡沃壤珍阜日至吾山資已足豈

可久留以妨賢路時人以為恐富求肆此救貪墨不足者似求肆
尚為知足也皆作從征貴州山谷人人如此置國計民生於不顧耶矣
國家亦何賴有此等臣乎至沈饋自云以清操為重陸丹階頗以
人所代求為承奉要人計亦甚阿附理墨枝套語清廉要不
能承奉要人往往獲寵者亦一轍耳蔡梢在吳興不顧鄉井不
知從何處取求衆清才為廷廉令不要文奉祿武帝嘉之夫受
祿所以養廉領井邑能撫民益民而不要不領亦稱節儉者之
見君子所不取也大氐六朝風尚如此而作史者又率筆為文全無
旨歸耳

初七日晴

閨人小病佳節悒悒無憀命酒少酌殊不豁暢

愛日齋叢鈔溫公為張文潛言學者讀書少能自第一卷讀至卷末往往或從中或從末隨意讀起又多不能終篇光性最專猶常患如此從來惟見何涉學士案上惟置一書讀之自首至尾正校錯字以至讀終卷未終卷誓不他讀此學者所難也張芸叟答孫子發書論資治通鑑云溫公嘗曰吾作此書惟王勝之曾閱之終篇自餘君子求乞欲觀讀未終紙已欠伸思睡矣溫公所言學者之通患蓋以何學士王勝之之事為讀書法

裴晋公寄李翱之書曰昔人有見小人之違道者恥與之同形貌共衣服遂思倒置眉目反易冠帶不知其倒之之非也故文之異在氣格之高下思致之淺深不在磔裂章句隳廢聲韻也人之異在風神之清濁心志之通塞不在於倒置眉目反易冠帶也

余謂晋公此言宰相之器也文人之言矣今之學採摭以為文者皆磔裂章句隳廢聲韻者矯時文之弊而去古文亦遠矣今之講宋学以言義者皆倒置眉目反易冠帶者也矯俗人之弊其去宋儒亦遠矣甚至矯中國疲弱之弊而必習西國語言以吸洋呂宋煙手持洋人玩物便目為洋務人才而兵士皆戴洋笠隨軍必奏

洋樂亦有倒置者目反易冠帶而異之實則襲西洋之皮毛

而其性情更甚於勇營年號虎皮不值吾公一笑耳

初八日晴

永詩來談

向疑諸葛公好為梁父吟一事以為一桃殺三士之語詭誕不經何武鄉致意於此晚學集謂諸葛自為詞而自歌之今皆不傳所傳者惟步出齊城門一篇耳此說甚允又附朱瀚之說云嘗考樂府解曾子耕太山之下天雨雪旬日不得歸思其父母而作梁父歎本琴操也武侯早孤力耕為梁父吟意實本此又陸機沈約皆有作一則

云豐水零露一則云秋色寒光歎時暮而失志在古而雪思踈
有合所說亦採原之論按琴操梁山操者曾子之所作也曾子幼少
慈仁質孝在孔子門有令譽居貧無業以事父母躬耕力則隨
父母之宜利四時順宜以進甘脆曾耕泰山之下遭天霖淫雨雪
寒凍思其父母自月不得踈乃作憂思之歎歎亦不傳疑武侯見
之故時時好為梁父吟也後來亦求臣必於孝子之門武侯忠於漢
室其時王室如燬全家澤佃於荆州既不能為臣屈雄又不能踈
依先壟其憂從中來必有不能自已者而豈隆隆一桃三士之既所
能擬其曾沒哉

初九日晴
得晏圖書
初十日晴
得八弟書知十一至富陽視事
十一日雨
曝民來小坐即去以西洋藥一斤寄樂山
十二日雨止放晴
閨人連日小病余亦瘠勦無憀〻信步至容民處略話即返閱蘇
詩一冊

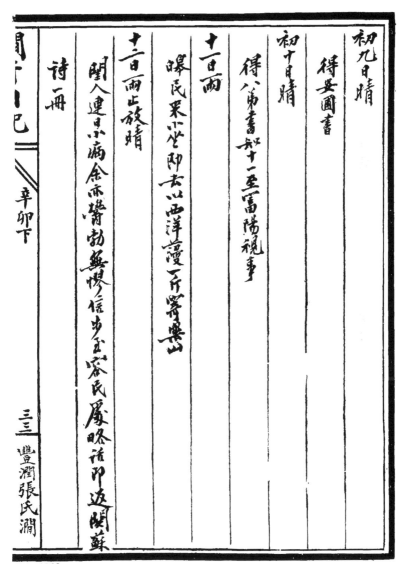

十三日晴

閱蘇詩稍有悟入處

坡詩自以錢唐壯縱筆人皆知之然放筆爲直幹不足盡坡之妙也試

玩其汪洋中之渟蓄乃知海之大無所不有請更讀之自黃州始斂筆

如子由自南都來別開口即云天子自遂宥尚能哀楚囚一自字一尚字何等

曲折沉痛還非諸營之肝肺鐵石便淺乃云稍喜小兒子少小事安

佚相從艱難中肝肺如鐵石天似小而要佚之之此子尚能耐此艱難

何況於我此觸髏肢任而無其迹者定惠院海棠云自知醉乃愛叔

風會揀霜林續第舍且植且築便覺咫尺萬里視他手規規自睫

者相題去霄壤矣更於臨別黃州一律及夜行武昌山聞黃州鼓角
兩詩參之開合動盪節短韻長所謂鬱憤龍態為余文先生目
道其詩境也更於岐亭五首參之分觀則一首各具一義合觀則
五首同具一義亦且五首之中萬象得瀾環縈後互續之白雲堂
淨掃地還白道所集非結岐亭乃結束黃州一案猶之以蔣游壽
絕冠平生結束深上一案也蓋統觀岐亭詩則一首之中忽縱忽收
分觀岐亭詩則一生之中幾縱幾收之無道則用行舍藏之一生詩
則神明規矩世人但知其縱不知其收亦且但知其縱不知其
收豈徒皮相許迎直是自墮野狐禪耳

十四日夜急雨一陣甚快

復八弟書閱蘇詩竟日因取三蘇集置案頭擬披覽一過也老蘇堅悍其文雖坡不能掩之所謂子雖齊聖不先父食也子由奏議獨絕其他文往往不及如作和陶詩序經坡公改之後覺原作有無限支詞客氣蓋以詞附坡因鄭莒之於齊晉耶以文論亦然其作商論以齊強魯弱齊未亡而魯亡比商周於宋人之見夫商六百祀周八百年周非固長商非豈以謂之短促且賢聖之君六七作武丁周中興即紂之世亦尚未失天子之威命此豈周室東遷以後所能比方者後世與其為周不如為商明矣則頗須此論而廢廣之矣

內有宦官外有藩鎮藩鎮之禍至五代而止宋亦以兵權天子得
禪此以宦臣以為從而予由乃以藩鎮能制宦官為其弊由府兵在
外夫究唐中葉之弊府兵在外固虜之藩鎮府兵在內亦虜之宦
官耳其魁柄下移則一也而極唐之弊則由於肅代之為宦官
所制使宿將功臣胥遭猜忌而藩鎮之弊已開不徒從之論
而徒就其迹以議之亦何益哉觀其意但使守府僅存即
以為正統尚在所援第存有天子之名而於天子之柄漠然不曾
與商論固一隅膜者以為東周之存亦如商之亡唐之遇祚
藩鎮實主宦官

潁濱目東坡跋後其人若存若亡豈所謂惠子既葬無以為質耶哉晚節優游六朝能自適觀其第三集諸作一種沖和淡遠之致自是得力黃老之故雖頹率不掩其佳其題東坡遺墨後曰懷蓋自一家寡為何人筆勢鄰晚流夜肆來兮死生全目至性中流霞若服氣詩云入口解鳴初未熟低頭咀唯不容壯乃似道士口訣又有那吒詩云佛知其甚難教誨讀語令父親手舉乃似小說盲詞不解何以粗惡若此雖曰交游託識面文字只存詩而因避禍養晦之故不復詩而遽作俳筆惡何以自傳其品自壞其律不可也東坡決無俳筆敗筆矣

十五日晴

検舊笥得奏稿數通，皆甲申三月易置政府後所上以疏遂不佳而毅然欲以隻手挽回內外大局非

聖慈在上必不全矣感喟久之晚作伯平一書燈下閱坡集一卷

姜伯約傳陳壽責其翫衆黷旅明斷不周案伯約以區區之蜀屢擾小鮮識非勝算然亦時之為進取固亡退守亦亡不足以責伯約其失在於偽降會而幾於臣節不完者以此壽猶不忍斥之故曰明斷不周耳非裴世期以為若令魏將皆死兵手在維手殺會復蜀不難設使田單之計邂逅不會復可謂之愚闇哉此說亦當

若維原並隆之鍾會傳屬官已閉置益州諸曹屋中乃十五日章
閣翼軍兵與諸軍兵鼓譟赴城乃十六日章時方給維鎧仗也呼
三日中會固疏閣維而欲機變以陂倉卒之際與會俱死使
其敵攸之時類為當奇設間計何不秘藏甲仗死士以為之備及臨時
又遲速假會命走險急維不能圖會而之懷圖維耳且舉而文
會擒鮮維以有臣一舉即不舉而死人猶以原維之以萬一艾
會同心凱旋後豈非隨所避將何面目見涼州士大夫乎敵不
當降而降既失身於賊當備而不備又失計於陳胡烈不同此之
謂也並與其倉卒遇胡烈之交不如據悅敵勝者之殘耳

十六日雨

劉獻夫李蕡臣范肯堂衛達三均來得都下書接桂雷安姪於初九日舉一子

姚姬傳有賈生明申商論一篇其略云申商明君臣之分審名實使吏奉法令而度數可循守雖聖人作豈能廢其說道使述此於景武之時則与處封風而進其善者何異惟文帝仁厚而亦不足者在法制故賈生勸之立君臣等上下使法制定則天下安此皆申商之長也申商之短在於刻薄賈生之智足以知文帝必不如申商之刻核急不能用其長耳景帝之天資固薄矣提殺吳太子於嬉戲疏張

釋之而誅周亞夫其質如此而鼂錯又以申商進之何怪有吳楚之難云云余案姚氏之所見何淺也漢文託於黃老實好刑名即位之時盡誅惠帝諸子以為皆呂后族此或迫於平勃其後淮南王之徙嚴道絳侯之下請室疑忌殘惕濟北之何嘗不刻薄寡恩乎賈生本儒家所請改正朔諸事本有志於潤色太平而其學從李斯吳公出則不免偏於名法文徵窺帝之意旨政治安諸策參用黃老申子而歸於商君治秦以黃商之分即賈鼂之分太史公云賈生鼂錯明申商者以賈屬申以鼂屬商而姚氏混而一之無非事後論人之識何足以白文帝賈生之微哉

閣帖有褚与薛八侍中
十二稱渴男毅亦偽迹不可与
史牢審

十七日晴

葉九來矣笆金石錄補有唐薛稷蘭亭敘云唐搨蘭亭宋家多
兩薛今不甚著晉江曾宣靖收藏李後主御庫墨帖有薛稷
摹定武本為墨池水鑑諸家俗筆鉤勒失其神理此本乃曾氏
從真迹上石猶可想其行筆遺意蓋稷為褚河南甥絕類
同州聖教而精鑿過之所謂何無忌酷似其舅者耶述書賦
云少保師褚菁華却倍非虛語也然舊唐書云稷外祖魏徵
家多有虞褚舊跡稷銳意模仿當時無及之者若稷為褚
甥何不云多藏其舅褚遂良舊迹耶然九來後記見黃跋亦有此說殊混淆久矣

十八日晴

晚頌臯民来

余家素喜惠半農之學而未得見其文也偶得國朝文選本睹其王安石論溫公論兩首有實獲我心者其論荊公也曰熙寧間皆可行之法安石非行法之人大旨謂身進而韓魏公富鄭公已退厥引陰詖傾側之人以自輔謂當剛以自強和以接物其論溫公也曰其始安石激之以怒眾其既溫公矯之以悅眾而章惇蔡卞之徒遂假之以亂眾前乎激歟矯乎平乎亂激與矯皆非也東坡嘗言昔之君子惟荊是從今之君子惟溫是隨二公既負盛名而左右附和之人實

求人徒見荊公之法呂曾為其爪牙而不知溫公之門下流為洛蜀其氣斂亦復不少實皆有理無情遂執之見即元祐之求政事已務何待紹聖乎山谷屢以人才包新舊為言而不知才則法不宜偏傳法則決不宜不偏傳溫公創為以母改子之說則悖不之徒自必創為以子述父之說其時宣仁已屆衰年溫申均為舊老安得不謀深慮遠而徒恃不可知之天曰也無是事乎以東坡之明白堯夫之婉曲而差役一事尚不能入則亦與荊公之堅僻何異半農謂二十六年而法三變病日益深識者此宋所以亂亡之基也余頗欲作熙豐元祐用人行政得失論

一篇讀之異日兩略發其端於此

十九日晴

馬積軒來

讀義縣王棆討瑛字石和康熙丙戌進士韓獻子祀回及公孫杵臼程嬰存趙孤之事爲詳攷之

魯曾煜字啟人號秋滕浙江會稽人康熙辛丑進士有秋滕集屠岸賈論云屠岸賈以趙盾弑靈公一旦歡郤之意急治靈公之賊以翦堅趙氏敵公女莊姬公不肯滅趙宗族不告而誅及趙孤既立屠岸賈及族人斬首就戮甚之如韓厥其人能符春秋之得飄大義死其官者也

梁玉繩史記志疑[illegible]云下宮之事左氏疏及史通申左並以史為謬後儒歷
辨其誣劉向采入說苑復恩新序節士不更據也攷魯成二年
為晉景十一年欒書始代趙朔將下軍朔前卒矣成八年為晉景
十七年安得云景三年殺朔同括嬰齊乎趙氏家亂何關於國若果
治賊則當其時不能治遂十餘年之久跡其誅於子孫夷戮韓厥諫
寘不聽罷以下皆景公而但令趙朔趣以爲許其立後乎趙武從母畜
公宮之朔卒之踰七年武之生雖幼亦十歲以上安得言遺腹而藏
宮中藏匿山中哉且孤兒處宮中當何計以出之哉左傳請之
趙後即在晉景十七年閱二年景公卒安得言居十五年閔公病某謀

立趙孤事晉語厲公時有屠岸賈其後無故或云賈之籍又非
使有賈晉方擬盛爲客擅兵相殺而諸大夫竟使言袖手
任其專恣無忌耶斯事妄誕不足之信所謂屠岸賈程嬰
杵臼悲無其人史公愛奇述之兼著於年表韓世家自序傳
中而晉世家與左傳合豈非矛盾而傷放
佩綸案中壘持穀梁義而說苑新序所載此事則程嬰公孫杵
臼之說乃穀梁家舊義也左氏晉景公夢大厲曰殺余孫則所
謂下之大業之後不遂者爲祟即指此事所傳年歲稍諸古書
之時有之本能盡一梁氏何所見而以史爲誣乎且如梁氏之言獻

楚世家郤宛之宗姓伯氏子嚭及子死月嚭奔吳以此推之郤宛亦晉之郤氏而伯宗乃郤支屬宗也然則宗郤為微仲宗州犂忌與伯宗可知此異更確矣

公時既有屠岸賈而左氏傳亦有程鄭迭著雖有屠岸程兩族安得謂屠岸賈程嬰均無其人作左疑史不亦專已守殘乎余故之國語及左氏趙女子冠敘於伯宗被殺之後而指因之事宗郤為徵左氏成十五年三郤害伯宗譖而殺之及寧歸忌乃悟屠岸賈即宗帥忌蓋始則宗帥忌與三郤並治趙氏其後郤氏又委罪於宗帥忌而殺之也（十五年外晉成十五年）譖為景公之十五年乃觀女子歷見諸卿與三郤之言稱異雖張黄以為此人之言實則內愧辭支耳立孤復田當在此時悼公時乃為卿將軍也宗帥忌因趙氏家亂以激靈公之賊頤具黄心故杜注以為賢大夫歸之於趙私恩而已（成八年為周簡王三年則三年亦非誤也）

二十日晴

晚翰香來夜子涵奉外姑馬夫人赴蘇舟泊新浮橋下夜午省之

後漢馮緄傳緄以車騎將軍征荊南時前後所遣將帥宦官輒陷以折耗軍資往往抵罪緄性烈不行賄賂懼為所中迺上疏曰埶得容姦伯夷可疑苟曰無猜盜跖可信故樂羊陳功文侯示以謗書願請中常侍一人監軍財費尚書朱穆奏緄以財自嫌失大臣之節有詔勿劾余謂緄少以經詐傳暨書知名必有卓識而臨事乃乖謬如是夫將帥之權甚專閫外尤以軍財為要宗今乃請常侍監軍何啻以湯止沸夫其誣陷將率以不賄賂也緄之意以為使

戎私賄不可俾以筦財財權則公財入其掌握既此已已不私而又賄彼彼
乾沒是無人賄賄之名而彼得中飽飽實並充其量耗竭度支刻削
軍食其其弊不更大乎且將帥日與宦官為伍材節疎闊彼必合怒而
不肖裨接附之為奸數且撓截軍法柔穆借以之財自擴勸之端
未痛陳監軍軍之弊也乎乎又監軍使者張敞奏緄將傅婢二人
戎服自隨又輒於江陵刻石紀功請下吏案理緄黃儁議以為
罪無正法不合致糾而軍還盜賊以發緄以免官豈非自賊
伊戚哉緄由畏宦官宦外撫降寇無非用譎未聞君子子大道以
時了了豈能稱才

二十一日晴　連日酷熱

子涵來談午後送外姑至宗竹林假寓所暫憩至酉刻与兩兒同返

子涵話京朝近事外姑亦述崇議前塵百感横生不堪回首

二十二日晴

至宗竹林順道答馬植軒薄暮始返晚浴

廷尉有結一廬雜鈔一冊專紀本朝餉項出入盈虛之數用意甚深子涵出都時寫一副本見詒其言切實著明較勝遠海者省以封存之積以備西洋且預防土木蠹蝕之害雜鈔在同治初年而所見如此可云遠識矣

二十三日晴

留子涵晚飯竟夕不能成寐

二十四日晴

崔琴友同年來名澄榜名登庚辛酉拔同年丙子入詞館惠人能狂也其人樸讜蔗老且以養生為事午後攜兩兒送馬太夫人之行夜宿紫竹林與子涵談竟夕不能成寐

二十五日晴

巳刻子涵奉母登新裕舟午刻展輪余即返飯後酣睡夜得劼下廊世叔書閱之

呂居仁作江西詩社宗派圖宗派之祖曰山谷其次陳師道無已潘大
臨邠老謝逸無逸洪朋龜父洪芻駒父饒節德操乃祖可如璧也
正平徐俯師川林敏修子仁洪炎玉父汪革信民李錞希聲
韓駒子蒼李彭商老晁沖之叔用江端本子之楊符信祖謝薖
幼槃夏倪均父林敏功潘大觀謂王直方立之善權巽中
高荷子勉凡二十五人居仁其一也議者無已為訪高古使其不死
未必甘為宗派師川固嘗不平曰吾乃居行間乎韓子蒼云
我自學古人文以在下為恥曾慥漫抄云居仁雅記非及而除
紛如氏方回山谷內外集錄之以資攷核

二十六日晨起急雨陣始解秋暑竟日微陰

張曜卒福潤升撫湯聘珍升東藩胡燏棻升廣西臬司午後黃楣

來見

儲六雅先生大文有存研樓集看斛律光論武當首孝昭執楊愔並子

獻時金為左丞相至同入雲龍門而光且進子獻殺之濟南由是

遂廢不識神武文宣曾何所負於金與光也又云光之閨和士

開被殺也曰龍子作事固自不似凡人之開淫亂識為罪首斥

當是時帝不為濟南之續者蓋無幾當帝卒以此疑之致佩倫

案儲說非也光死自以還鄴不散兵為帝所疑自入祖穆之譖至

琅邪王儼之殺和士開自以兵少不入帝待從容召光光笑行亦從光之不暇何其疑光之雖輩士開之死稱爲龍子不凡並從不就儼而就後主者以女爲皇后故也其助孝昭殺子獻助後主執琅邪無非粗疏附勢甘爲鷹犬於逆順是非全不了然所以終爲祖珽輩讒間而死在齊國自壞長城在光亦自破門户豈能責以古大臣之義乎從來武夫率意徑往如是無足深責每惜漢三明中如張奐與少習尚書舉賢良此豈得以武將目之然宦官矯制使與少府率五營士圍武奐新振旅而還不知本謀然其中常侍之淆亂竇陳之忠公平日豈一無所聞乃倉卒引兵逼武自殺

豈得以見欺豎子自解此必平日有不慊於游平之事且遁於中官積歲成氏謀舉事後為清議所非而少府之拜不免觖於同而讓遷封侯以自掩蓋試問其黨惡賈氏之派豈讒齊所能解乎張華在武帝時決伐吳之策何等明爽及中台星坼少子韙勸之遜位華不從又何等游移及趙王倫殺賈后使司馬雅告之華知其必將篡奪距之乎而難作此獨何事而執政徒以言語相維豈非天奪其魄不特保也華為楊駿所誅於頓解救及駿誅觀其見用故於廢楊太后時請依漢廢趙太后為孝成后故事雖得殺春秋絕文姜少有依據然試使以子廢母

婦履姑豈能以姑履婦，婦俗相證，似此三綱泯絕，止條別廉而寸尚欲三人本服而為之引經援典，裁解辨竟，乃一時身與及華皆讀之，有學識者愈幸聞，尚以此不數曉人志士之類得哉

二十七日晴

花農饍廷詢來，午後至初室

類之推觀我生賦注：梁元帝時王司徒表送秘閣舊事八萬卷，乃詔比校，分為正御、副御、重雜三本，左民尚書周宏正、黃門郎彭僧朗、直省學士王珪、戴陵校經部，左僕射王褒、吏部尚書宗懍

員外郎顏之推直學士劉仁英校史部廷尉卿殷不害御史中丞王孝純中書郎鄭蘊金部郎中徐報校子部右衛將軍庾信中書郎王固晉安王文學宗善業直省學士周確校集部其後兵敗悉焚之海內無復書府云

祖珽與和士開陸媼忽離忽合始則藉勢從則畢搆其為人亡何足取而之推感其舊恩聊云孝徵用事欲野翁並臥刑有綱紀矣駱提婆等苦其以法繩己譖而出之於是教令昏僻至于滅亡此豈得為公論李百藥北齊書於珽深致惜亦稱內外稱美並密啓以誅琅邪騰謗以死斛律亦不能掩也之推深非為首

老翁所愚直是懷私且而皆不識其人矣重之以清亂親歷

故自第六卷用其說耳

二十八日晴

崔琴友來談

易旅六二旅即次懷其資得童僕貞音義資本或作資斧非余案當作資斧九三喪其童僕九四得其資斧疏六二資斧童僕最為分明若二文俱作資則資貨與斧殊不相類矣王注殊不了了子夏傳及眾家並作齊斧蓋齊斧与童僕亦不類也即鄭虞亦未安耳

琴友言大學於平天下反復申明曰德者本也財者末也而其言曰必驕泰以失之廿一章中亡國不盡驕泰而獨曰驕泰者蓋或失之貧或失之弱其病無不始於驕泰其病之見徵無不成於財不足足財不足而國不國矣而務財用者方且以聚斂為事所以無如之何其言頗有所見蓋漢之亡不亡於哀平而亡於元成之際宋之亡不亡於徽欽而亡於神哲之際明之亡不亡於啟禎而亡於嘉靖萬曆之際問其何以亡皆驕泰也繼之以財不足而亡徵具兆矣君子知財不足之故由於驕泰則所以格君心之非固當有在而不必徒以理財為急矣

二十九日晴

樵孫寄無欲齋詩抄一冊乃鹿忠節公著按無欲齋詩抄四庫入存目中稱其大節凜然詩筆亦有遒勁之氣今考其五世孫荃原序知公本有詩集八卷未刊藏久已佚安溪相公屬魏司空廷珍以公殘稿書而刻之為一卷間附評語是為成雲洞初刊之本　四庫館開直隸督臣采進奉　旨抽燬兩葉荃復重刊行之仍冠安溪原序而無評語是為家刊之本余已得高陽吳橋之集故以案忠節遺書合藏之想見明季吾鄉忠義之氣至今光燄萬丈也

蘭駢館日記

辛卯八月初一日晴

閱仲約前輩視順天學午後過仲瑾略談得安姪第九書與允臧病仍未愈殊可念也

讀左氏傳以史記證之

魯世家初惠公適夫人無子公賤妾聲子生子息息長為娶於宋宋女至而好惠公奪而自妻之生子允登宋女為夫人以允為太子索云左氏傳文公以不知太史公何所據而為此說譙周議不信此梁氏志疑亦云未聞衛宣楚平之事豈因惠公想因隱亦娶于宋

稱子氏故誤也偭倫案梁氏之說未盡隱公二年十有二月夫人子氏
薨左氏以為桓公之母公羊以為隱公之母穀梁以為隱公之妻史公
備聞三家之說其時張蒼賈誼必有傳授之說如此故不取公羊
而斟酌左氏穀梁之言以志春秋託始之微固不必校左以難史
亦不必目史以疑左並存史氏一解益見隱公之處母子兄弟間
變而不失其正而桓公之罪上通於天矣
子般史作班長說梁氏女往觀圉人犖自牆外與梁氏女戲左氏
作雩講于梁氏女公子觀之左氏乃古文史公所釋為長說者子駿
釋為雩講於是以女公子為句作為子般之妹而史公則讀公子觀之

為可也或前是後非或前疏後密無從攷核嘗謂今古文之尚書之紛紛聚訟其誤由文字不盡一者半誤由師說不盡一者亦半此攷執此廢彼皆專己守殘之見也

初二日晴

琴友宵堂暐氏同來

齊桓公之蔡姬史記以為蔡繆侯之女弟定四年劉文公將合諸侯于召陵將長蔡於衛祝鮀私於萇弘而止史則云蔡侯私於周萇弘以求長於衛衛使史鰌言康叔之功德乃長衛案氏史公是也鰌鮀同從魚故子駿誤鰌為鮀二人皆字子魚故無分別觀其言係之不

捷乃直哉之辭非侮者之詞梁氏以史為誤非也

初三日晴

史記晉世家太子申生其母齊桓公女也曰齊姜早死申生同母女弟為秦穆公夫人果爾則晉文為桓壻秦穆又為桓之外孫壻之霸後先英才國有種耶莊廿八年左氏傳獻公烝于齊姜生秦穆夫人太子申生注齊姜武公妾故僖十五年疏云申生之母今是武公之妾武公末年齊桓始立不得為齊桓女焉還妾也大事表有齊姜辨駁左氏之誣謂莊二十八年晉使申生居曲沃係獻公十一年若烝武公妾所生想當在即位後年不過十歲以稚子守宗邑適足啟戎心而使民慢何謂威民懼戎及史

記重耳奔狄年四十三計守窗年二十二公夫申生居長其生當在獻為世子時竊意齊姜乃未即位之適夫人後因寵衰見廢橫加之罪左氏因而甚之耳申生為千古純孝而其母蒙不韙之名不可不為之辨余按曲沃并晉在齊桓七年其能以關命安知不倚齊援故史記所言蓋蔽晉武諱陰之隱左証不待辨也稍申生以讒自殺正在陵伐楚之時桓及管仲竟不能討晉獻易樹子之罪謂由申生自殺不肯歸過於父伯主無由而知亦以專力攘外不能兼顧其私故詭諸不預葵邱之盟內愧於中因宰孔一言而止厥後會秦之穆公以女妻重耳因由於此怪左氏之為劉歆竄亂故也疑齊姜乃桓女弟故要重了以女戴重耳之長當依列女傳作齊女

初四日晴

阮文達有南北書派論北碑南帖論言之極詳大致以北派為宗而於二王有微辭今北派盛行實文達之言闢之也其跋魯公坐位帖亦云魯公楷法亦從歐褚北派來而非二王之派雖入之南派是使李固撥頭魏徵嫵媚殊無學識矣余謂文達此說似過大要碑與帖迥殊而南與北無別書家未有不長於隸者今以草行屬之南而以隸楷屬之北亦就其迹言之耳豈得以魯公書為出於張猛龍碑後行書乎試觀蘭亭所改數字均有隸意似右軍中從隸來未可歧而二之也

初五日陰

皞民來時壹撫郃及濂過譯欽潤之至喜宮為助也

能改齋漫錄載柳公權謝人惠筆帖云近蒙寄筆深荷遠情雖毫管甚佳而出鋒太短傷於勁硬所要優柔出鋒須長擇毫須細管不在大副切須齊副齊則波磔有憑管小則運動省力毛細則點畫無失鋒長則洪潤自由頃年曾得舒州青練筆指揮教示頗有性靈後有管小鋒長者望惠一二管即為妙矣

余不能作書而用筆每喜管小鋒長者得此書益信咸者於書家尚可入門乎錄之以備擇筆之準範

初六日晴

過繆氏觀坡公所寫金經乃吳清卿所藏偽迹也

陳後山云余以古文為三等周為上七國次之漢為下周之文雅七國之文壯偉其失騁漢之文華贍其失緩東漢而下無取焉余方輯漢文為讀本閱味爽然並似西漢之文豈得以華贍二字盡之是以將古文辭不可節刪也餘師錄又謂陳后山初見南豐先生南豐問曾讀史記否后山曰自幼即讀之南豐曰未也當且置它書熟讀史記之兩年來后山以南豐之意讀之後更以文見南豐南豐曰是足以進矣來后山方得力於史記而乃薄西漢之文以為失之緩耶

乎並騁焉緩之失之爲文者所宜知也

初七日晴

連日琴友來話不能多復書張子苑以所藏髯敬見示鈐紀二字

尚完非北宋印偽本也審視還之歸氏過談

初八日晴

過晦若略話省堂容民在坐

閱平宋錄一卷杭州路司獄燕山平慶安撰實劉敏中所作也其中有

宋太后書傳於淮東制置李知院詞曰吾老矣值此時艱已奉大元皇

帝詔書俾相率來附以全宗社以保族屬以救萬姓茲事已定可將

可奈何舉國內扃，今大兵在城，三宮不驚，九廟如故，百姓安堵，其餘州
縣已敕嗣君下詔開諭，俾各以其地歸于大元，卿自守孤城，勤勞已至，
但根本已拔，徒欲固守，民其何辜？毋重困一方之民。至少帝詔亦相
同，此等文字類皆隨降諸臣所擬，豈能爲言？甚例並都督臣降
臣賴之孤臣固守偏隅，維持宗社，即不能如少康一旅復成中興，
亦居蜀梁之天險，北漢之乾祐，尚可支吾歲月，乃迫於元之兵威，託故
主綸言爲新朝騰說，欲使兵不血刃而忠義在心，争來納土，操筆者
真全無心肝之流也。天理同都臣所學甚爲害通而終於權流名
教，非以忠臣節之勸敎

初九日晴

寄六弟書

初十日晴

寄高陽一函晚送琴友行

琴友勸余治左氏取其辭令足以折敵余曰此風已古矣今之西人固恃辭令折之然實非辭令所能折也然有時亦可以辭令折服如巴夏禮論浙加兩稅防其操縱之利余以土貨改洋一年不令條約折之也殺甚上遂罷議是在人耳

左氏辭令亦有不可盡信者如子產毀垣之類由平日爲晉御聲氣

朕絡故敢於如此不由辭令之善王孫滿對之輕重似乎詞嚴義正並亦時形勢楚亦未敢犯周耳最不善者莫如晏嬰其與叔向私語一段直是為陳氏作篝火狐鳴嬰乃陳氏之黨夫子稱其善與人交久而敬之亦尚未盡知其隱曲也勢足以吞敵雖如呂相之絕秦倨遇實正勢不足以折敵鋒如管仲之責楚似壯實浮若政出多門不必競而力爭即行人皆如子員合二國之成亦所補者小耳故靈公無道而不喪正以治軍旅與治賓客並重否則詞章對之長而無禦侮之實藺

今更大為

十一日晴

皞民來談，借聖教一本觀之，乃崇禹舲所藏，今質之一富人者

覃谿以為南宋拓，而殷述齋以為北宋也。述齋名壽彭。述齋之說何足以駁覃谿，而禹

舲以殷說為然，殆未目睹耳。

禹舲跋：始得金廬孫文靖二冊，一項子京本，一寶嚴本。又得兗州空山堂牛

氏本、紀文達本、郭萬齋本、魏唐錢壬時本、獻字本，為古佛同龕

之室。其後錢本以遺文孔脩先生，又得曹秋岳北宋本、吳門沈氏二

藏本、既本，為伊墨卿所得，歸之葉雲谷，葉歸之盧厚齋，盧之後

人歸之禹舲。

諸跋中所見宋本

伊云 南雪本 方環山所藏 有彭師仁跋 翁云 潘毅堂所得魚門舊本

王芑孫云 瀛洲葛鮎子九漢軍王棟筠圃及唐冊先生藏本 筠圃本即陳壽棋家

六石冊子拓本 壬年見之 趙懷玉云 家藏一本 得之汪容甫 與此相仿 陳其錕云 見

黎瑤石山人家拓本 索價千金 吳榮光云 程氏三長物齋本及余所得

玉壺秋碧本 詞林宋而未免攙濟 甚無一字一筆描補者 惟此本余飛

香閣本耳 殷云 家藏打散仲子題 慶歷拓本 與此如一手拓出

黨云 慎郡王 郭允伯二本 以為過之

十一日 晴

晚作伯平夫人王氏墓志一篇寄伯平書

十三日晴夜雨

吳太守熾昌薛田廣東午後永詩來談

春秋宣九年陳殺其大夫洩冶左氏傳引孔子曰民之多辟無自立辟其洩冶之謂乎詩大雅板箋民之多為邪辟者乃女君臣之過無自謂所建為法也此詩乃凡伯刺厲王之詩孔子引之以刺陳靈正其君臣宣淫之過穀梁傳云稱國以殺大夫殺無罪也正合聖意乃杜注則云洩冶直諫於淫亂之朝以取死故不為春秋所貴而書名釋例則云邪辟之世不可立法國無道危行言孫一若洩冶大不為春秋所取者孔疏從而文飾之責洩冶進無

洩冶遠策退不見行言孫懷寵不去仕於亂朝以區區之身欲止一國之淫昏死而無益以比干為仁洩冶為狷此出王肅偽造家語與杜注互相表裏蓋魏晉之間視君臣如傳舍故其言乖謬如此孔沖遠當貞觀之世見諫臣屢被誅夷而冀刑王犯帝同辰嚴乃借此為長史過而自託於明哲保身之智謂情急之感君不能得之於臣也而能得之於子顯直於君父之道所以益謗而終罹似此顛倒無非害理生中之蠹賊左氏罪人也余每思仿劉氏規杜之例取杜之謬繆痛加糾正以發明春秋之旨惜學識未深且精髓未見姑存此以告世之讀春秋者

十四日雨止驟涼

同一伐南唐迎世宗之亡勝於宋太祖之譎陳覺矯命欲殺嚴續帝曰續乃忠臣朕為天下主豈教人殺忠臣乎何等光明磊落林仁肇有威名宋潛畫其像引使者觀之問何人曰林仁肇也將來降故以為信國主鴆殺仁肇此何等舉措也藝祖無一足取余最不喜之

宋太宗之逼德昭路人皆知宋史云帝聞之驚悔往抱其尸大哭曰癡兒何至是耶此亦事後自文之言長編乃引涑水記聞謂陳眼好啖肥豬肉因而遇疾本紀云為尊者諱並既無史臣之任此等事存留不論是矣必曲為掩飾以欺天下後世是何心乎溫公此等多據士大夫語

文寶錄何異

宋太宗既殺涪陵乃從容謂宰相廷美母陳國夫人耿氏朕乳母也後出嫁趙氏生廷俊云云李昉曰宮禁中事非陛下委曲宣示臣等何由知之畢氏攷異謂果如太宗言則宣宗私其子之乳母而使有子是淫也杜后又不能容而使出嫁是妒也一言而兩彰父母之失鄉黨且猶羞恥之身為天子忍言之乎此謂欲蓋彌彰耳余以為兄弟親疏豈以同母不同母為定有罪則誅管蔡不至病周公反是則涼薄殘忍而已矣太宗欲掩其殺弟之名而誣其父母此而可忍孰不可忍宋之開國此氏不足道也

十五日晴夜月甚佳

邀貰臣晤仲璋飲夕兩兒侍談刻餘

張芸叟云司馬遷年二十南游江淮上會稽探禹穴窺九疑浮沅湘北涉汶泗講業齊魯之都過梁楚西使巴蜀天下靡所不至晚年方敢論次前世著書成文天文地理古今治忽無所不總故學者屈一室之內守簡策膠舊聞任獨以決天下事鮮有不謬者余因之悅然少年浮寄江南未得山川之助兩閩壯徼倥歷攸何及今伏處一室窮巷若山居見聞不廣宜其文字之不進而識力之不高也蓋悵想濯足萬里流振衣千仞岡一滌此塵襟也否耶耳

十六日晴

過晦若談　朱久香解館來辭

唐之初政莫謬於用封德彝舊傳謂倫為其舅所知曰此子智識過人必能致其卿相其後倫管仁壽宮為楊素營猶漸必悅素歎伏以為揣摩之才非我所及其後引與論宰相之務從日恣儀所謂宰相之務揣摩而已遂以此揣摩之計結虞世基諂順煬帝及化及弑逆之際故揣摩化及進數帝罪非以存高祖初甚信用之揣其過當自觀政令一新豈宜收寵之以僕射恩禮狀終至身後以陰附建成始黜贈官改謚為繆

轉失之私矣在徒黨善用揣摩身後猶被敗露宋史見

揣摩之無益而以卑諂佞逆之小人用之揣摩小術可以欺

神堯並可以欺貞觀亦足見人情好諛雖明君亦不能免

此揣摩之技所以至今不絕而世之相士者且以體揣摩為

作卿相之符也悲夫許敬宗忌封德彝或有所挾入放

十七日晴

送久香張楚寶來與仲彭閒話良久午後永翁過談傍

晚飲酒一卅食蟹八隻醉臥藤榻上快甚

十八日晴

顧緣民以右軍感懷帖墨蹟見示前有貞觀十三年敕題名五人劉洎馬周顏師古岑文本官階皆十五年十七年所除其偽顯然而後有梁風子楷右軍影題贊圖頗佳

十九日晴

宋之開國最不正操之篡漢取諸羣雄之手至丕始受禪然千古言亂臣賊子猶云操莽太祖功績亦不甚著特以周室孤兒寡婦乘兵權在握倉卒攘取陳橋之變苟且已甚史臣曲為之諱則曰諸將露刃定議策太尉為天子驚起未應黃袍已被於身似太祖本不知謀者然不能自掩其實杜后聞之曰吾兒素有大志今果然矣所謂大志

者何志哉篡而已矣涑水記聞謂王彥昇擅殺韓通欲斬之既乃廢棄終身畢氏以東都事略攷之則彥昇嘗歷邊州重任初無廢棄之事溫公特曲護之詞耳宋史亦云太祖幸天寶寺撤通及其子畫像頓後修之史不能與溫公爭審第以溫公之說求之亦可解於篡周之惡夫擅殺周臣與擅廢周主盜有餘矣目諱篡位之罪而以助逆之臣為非有是理乎其為弟所弒子亦凶終非不幸也其後宋終不能制遼西不能制夏亦正坐此蓋猜基不正時慮藩鎮效尤兵備不修名不正事不成無足怪者以宋臣多文飾論者每寬於藝祖特張論之以褫將順者之魄

二十日晴

作倉庸閒道頌一篇應州人之請賞以塞亡友之諾

二十一日晴天氣復燠

花農來談胡雪楣云得閣帖祖本余頗疑之頃楣送余審定則肅府本耳第九冊諸金帖闕十八字相傳肅府僅得九冊而闕第九冊以他本足之按各本惟泉本闕此十八字而右思誠丈所闕僕沈下僚四字肅府補此四字而諸金帖未補蓋未知其有殘佚也

二十二日晴

得八弟書洪翰香以家刻汲古閣說文樣本見贈

二十三日晴

浴薌夜過范肯堂一談

近日作古文者墨守古文辭類纂一書皆康氏刻也實則吳刻視康多一卷乃姬傳晚年定本惟吳所藏本無方劉之文別本有之今宗以康本一例刻入鄱見刪之為允其圈點有時文選家氣吳刻已盡遵姬傳刪去而或者不以為然真兒童之見也偶與肯堂談因筆之

二十四日陰

皞民來談午後郤班卿自都應試睞過仲璋與之暢話夜至

容氏履略堂

阮文達於廣東學海堂發文筆策問云六朝至唐皆有長於文長於筆之稱顏延之云竣得臣筆測得臣文是也何者為文何者為筆何以宋以後不復分別此體按文筆之稱自晉書蔡謨傳文筆議論有集行於世其後分析最明者莫如金樓子不便為詩如閻纂善為章奏如伯松若此之類汎謂之筆吟詠風謠流連哀思者謂之文文心雕龍總術篇今之常言有文有筆以為無韻者筆也有韻者文也最為明晰並此自六朝人語至唐而止未可以槩周秦兩漢也乃文達固執此義作文選序書後謂必沈思翰藻始名之為

文凡以言者著之簡策不必以文為本者皆經也子也史也概之以文論為文而唐宋諸大家乃經子史非文其說亦奇又作文言說以為孔子以用韻比偶之詞錯綜其言而自名曰文何後人必欲反孔子之道而自命曰文其尊之曰古此欲矯後世古文之說而矯之太過轉近支離有不可以辯者今為詳考於左

劉天惠文筆考云漢書賈生傳以能誦詩書屬文聞於郡中終軍傳云以博辯能屬文聞於郡中司馬相如敘傳云文豔用寡子虛烏有楊雄敘傳云淵哉若人實好斯人初擬相如獻賦黃門不若董子工於對策而敘傳但稱其屬書馬遷長於敘事而傳贊但稱其

史才皆不得提能文之舉焉蓋漢尚辭賦所稱能文必工於賦頌者也
余按此說謬甚廣川有山川頌子長有賦八篇見藝文志豈不能為
辭賦者況漢書儒林傳稱仲舒通五經能持論善屬文江公吶
於口正與賈生終軍同被屬文之名而所謂屬文者乃指其說公羊
之文非指辭賦也太史公自序云於是論次其文十年而遭李陵之禍
班氏司馬傳贊曰其文直其事核正與序傳史才相敍非指辭賦由此
推之鍾亦文史與文安得舉文而專屬之有韻者乎
論語一書言文者甚多如則以學文馬融曰古之遺文也文勝質則史
使文專主有韻之文乎豈以史目之而馬融云古之遺文則決非專主

有韻之詩往矣或以文對質或以文對行文之所包甚廣如以有韻為文
直言曰言以肆易之文言則夫子之文章皆有韻者夫子之言性與天道
皆無韻者其說可通乎文達欲矯古文之說立異而不承其無逆欲
以六朝之常語強律聖人斯則引唐律以讞漢獄可怪之至也
說文文錯畫也象交文此文字本訓並奇耦相兼如錯畫不必耦而
始為錯畫也辭意相綜亦如錯畫不必有韻始為錯畫也阮氏引
考工記青與白謂之文謂兩色相偶而交錯之乃得名曰文說殊膠泥以遺
子證之其文則史不以文實辭是詩書春秋均為文何有韻無韻奇偶之別
哉

二十五日晴
劉獻夫丁巽侯補道李興銳勉林署津海關道昨得九弟書復之
張天如漢魏六朝百三名家其集名多由意造以隋唐經籍志攷之
當云大中大夫東方朔集文園令司馬相如集膠西相董仲舒集諫議大夫
王褒集皆同之曰東方大中司馬文園董膠西矣至劉向劉歆隋志作諫
議大夫劉向集大中大夫劉歆集唐志但稱名而天如則改稱字矣如張敞
集隋志一卷錄一卷唐志二卷就班書輯之題可復舊而天如遺焉蓋
就其文多者彙之成集故未細攷故褚大補史記亦名之曰集果爾則
司馬史記亦即司馬遷集漢書亦即班固集耶余端居多暇思輯兩

漢三國之文以自娛而梅氏所選文絕不可得張氏所集又以體例不善乃以
四史及舊類書爲主分門別類冀由兩京文字之流別推以上從周
秦下瞰六朝始識其緣起於此其詳則書成時述之
古文苑以韓元吉所次九卷本爲善章樵本取史冊所遺補之爲廿一卷
已失其舊然守山閣所刊有校勘記於所補者一一證其所出均有據依
故余選此讀本亦兼取之其九卷本亦多可疑者如漢高祖手勑太
子不類高祖生平董仲舒集敘明是掇漢書爲之而章樵乃爲
之飾注云班校以比傳非也此類與其傳訛不如從刪以嚴漢文之斷
限耳

二十六日晴

弔劉巖夫母喪晚李贊臣洪翰香同來

孫淵如有續古文苑其所輯漢文不少皆一一注明所出今全采之墨池編載趙壹非草書一篇云前任涉學皆廢倉頡史籀競以杜崔爲楷私書相與猶謂就書適迫遽故不及草草本易而速今反以難而遲失指多矣佩綸案此非漢人語也舊帖中匆匆不及作草者以不別作草稿而即以此行楷之字作積工之耳非云作草書也並唐以後已不達斯義東坡云顛旭草書讀之終務戒他日不忽忽亦詒此誤

二十七日晴

寄都中書有楫舟也

二十八日晴

觀林詩話語、簡、跋半山書云今世唯王荊公字得古人法自楊虛白以來一人而已往時李西臺能贊楊少師今定林寺壁荊公書數百字未見贊者佩綸案此公他日論書又云比來蘇子瞻獨近顏楊氣骨又云東坡本能書自當推第一荊公東坡二人書不相類而自語、簡、言之竟似殊塗同歸此與論元豐元祐時政而曰人才已新舊者似出至公實調停之見耳

二十九日晴

午後過獻夫復至曝民處少談馬植軒來

三十日晴

感寒徧體痠痛

九月初一日雷雨 合肥司馬趙曾重由都至

曝民來談

初二日雨時作時止

閱唐文粹一二卷得八弟書

初三日晴

王翼北由山東德州入都舟行至楊村十餘里之打漁莊被盜劫去衣物折回天津留宿寓館齋順天捕務廢弛盜賊橫行以都津密邇之運河連艘夜泊竟敢以洋槍刀械擁入舟中肆行劫掠可歎可恨合肥即飭雲字營馬隊會緝以靖孔道盜源是日又得都電前月廿二日瑞姪生一男也

初四日雨

初五日晴

初六日晴

袁廚田先言寄來廿一史文鈔乃明楚北戴光祿羲所選戴字

叙長刻字正野體例甚劣還之過獻夫

初七日晴

得元纂圖互注荀揚文中子三種荀子及文順御所藏揚子文中子兩種則孫淵如所藏世元時坊本校讐不精舛誤不少並盧抱經校荀子頗據以訂正以改字究少於此本也

初八日晴

楊瑞生來辭赴河南昨適有崑岡錢應溥赴豫察辦事件之命未知何事也晚抵睽氏永詩及冀北夜飲劉禮卿挈眷出都

初九日晴

冀北偕孝達之妹曰泉孝廉琳偕行請合肥派馬兵二人送之午後把酒持螯蟹不肥而飲甚暢頹然醉矣復八弟一書晦若來話

初十日晴是日午有微雨

初八日樂山有書今日有暇覆之得都電冀北中東闈十五名

南書房用陸寶忠張百熙康生致而未得以資序較後也

繆小山荃孫過津未見送刻書數種曰三水小牘曰吳興記曰集古錄目曰繆燧名宦錄曰繆鑑致辯集讎校甚精

十一日晴

袁慰庭觀察世凱自朝鮮乞假回籍過談

石笥山房有書周遇吉事據榆次王瑚所作節錄一篇謂李自成悉攻城語守將以周遇吉嚴否且屠遇吉聞之乃使人縋之城下見自成大罵竟爲賊磔殺問其故老往往與瑚合因作論哀其死而恨其失余謂稗盛以文匿忍刻薄極矣按明史本傳遇吉退保甯武賊大呼五日不降者屠其城遇吉四面發礮殺賊萬人火藥且盡外圍轉急或請甘言紿之遇吉怒曰若輩何怯耶今能勝一軍皆忠義兩不支縛我予賊於是堅守力盡城陷遇吉巷戰被矢如蝟竟爲賊執大罵不屈賊叢射殺之闔家盡死其死事慘烈如此顧楊王瑚輩辭輕加誣衊寧心不厚如此宜其潦倒以終也

十二日晴

袁偉庭又來贈權懷素平百濟碑一通作寄安圃及賀廉生書二通

都寓 夜聞雷音北榜放晨鍾均下第同邢劉鎮疆中式豐潤中張士麟及楊毓鑫王芸閣共四人

元王惲玉堂嘉話引鹿菴先生云前漢列傳多少將樣度于後插一銘詞篇篇是個墓誌碑表作者觀此足矣不必他求曹南湖亦嘗説作銘辭法度謂此一人有數事將處取其重者論之及詳史漢論贊之原蓋出于此

劉禹錫有西漢文類序云商周之前文簡而野魏晉以降則蕩而靡得其中者漢氏漢氏之東則亦衰矣惜其書不存

東坡答劉沔都曹書云識真者少蓋從古所病梁蕭統集文選世以為工以軾觀之拙於文而陋於識者莫統若也宋玉賦高唐神女其初略陳所夢之因如子虛亡是公相與問答皆賦矣而統謂之敘此與兒童之見何異李陵蘇武贈別長安而詩有江漢之語及陵與武書詞句儇淺正齊梁間小兒所擬作決非西漢文而統不悟劉子元獨知之 按近姚姬傳選古文辭類纂其辭賦類一門即本東坡此說而爾桐城諸人昧其所自聞之蔑矣東坡文學周秦西漢故能知昭明所短阮文達乃堅主昭明文選之序殆欲以此上例兩漢所論殊泥

十三日晴甚煖

過梅若慰其兩弟秋試被放也閱後山文一卷

後山集乃雲間趙駿烈刊本四庫所收即此本也提要云其古文在當

日殊不擅名然簡嚴密栗實不在李翺孫樵下殆為歐蘇王盛

名所掩故世不甚推棄短取長不失為北宋巨手叢鬆衍記謂先生

之文早見稱於曾蘇二公世人好之猶以二公故也觀其論文之語見於

餘師錄者知辭香南豐淵源有自耳世以後山詩勝讀之前未為

公論其文則過讓省遠矣

十四日晴

皞民來談不甚暢得九弟書

十五日晴

得桂林電要圖著集因弁錄得廉生〻父子書

讀文紀後二年与匈奴和親詔亦自邇至後六年匈奴入上郡矣乃知彼族

非可以信義結因和親備無〻策〻之者

買得通德遺書及幼髯孔氏説經稿幼髯為〻禮〻學院集康〻成諸

書後凡測周禮儀禮別有明堂禘祫喪服用蒲於鄭注亦頗辨正

顨軒〻從兄也名廣林

十六日晴

作送瞭氏之臺灣詩二首

十七日夜雷雨

午後瞭氏來談，自冀北留宿齋中，讀書之課中輟，今夕少暇，思復舊課，以免學殖之日荒也。內人以余困於簿書，詩文漸少，奇氣勸余稍輟校讐，甚言亦是，乃檢之史於案頭，擬日閱十餘葉以培其氣。夜為見子改定論四篇

卓茂之封褒德侯，論者皆以為表彰循吏也，其實不然。茂元帝時學於長安，仕哀平閒，及王莽居攝，以病免歸郡，常為門下掾祭酒，不肯作職。史傳未文云茂與同縣孔休、陳留蔡勳、安眾劉宣

楚國龔勝上黨鮑宣六人同志不仕王莽故光武以宣襲安眾侯復求休勳子孫而勝之子賜宣之子永亦俱貴顯封茂之詔曰執節湻固寔蓋其不仕於莽心不忘漢也此傳與諸家後漢書之文范史移蔡勳于蔡邕傳中而表彰其節之義晦矣其時不仕王莽者如蔡茂以病自免往隸竇融宣秉見王氏據權專政隱遁深山王丹當王莽時連徵不至隱居養志王良當王莽時稱病不仕教授諸生郭丹以王莽之徵與諸生逃於北地皆當通為合傳以彰其節范生劉宋之世不知忠節之義故不復重之幸而舊傳未盡刊落耳馮衍不仕莽朝而為廉丹所辟

勸之不睦及丹死亟後以命宏為進退之機者不足与諸賢伍也

十八日晴

張權君自都來

十九日晴

郎班卿來談得澗師書晚仲彭過齋中閑話

二十日晴

仲彭招至其齋与張楚寶瑾商館師事有徽肆永寶齋李應若以書画来售買扇面十餘價甚昂

二十一日晴

張樸君來談復與李容評量書畫良久

二十二日晴

復八弟書送獻夫扶柩回籍廿五登新裕舟過樸君文知張師母當

夫人下世為之愴然

二十三日晴

洪翰香來

鄧班卿以邱心坦履平詩來正云今之郊島閬之則吳捷督長慶

周某因鼓客耳余謂郊島寒瘦亦詩人不易到之境寒之不熟

瘦之不肥不肥不熟亦足以為詩人矣然非如騎將軍馬自稱難

愚子者所能學也

四庫提要郊詩託興深微結體古奥自韓愈以下莫不推之雖蘇有空螯小魚之譏元遺山有高天厚地一詩囚之目究之郊詩品格不以二人減價

六一居士詩話云島哭柏巖禪師云寫留行道影焚却坐禪身時謂燒殺和尚此可笑也落步隨青山影坐學白塔肩又獨行潭底影數息樹邊身皆是島詩何精粗頓異也苕溪漁隱云余謂此兩聯各非一句而已坐學白塔肩可見禪定之不動獨行潭底影可見形影之清孤島嘗為衲子故有此枯寂氣味形之於詩句也

余謂作東坡妝可議夏曜作亡姬可議浪仙蒼則與為難倚不如
寒瘦韓孟聯句竟是勍敵而郊雖昌黎語云眾人尚肥華志
士多飢(言饑)顛(言)居(佳作)節天意當寒賈島寄韓潮州詩云峰懸
驛路殘雲斷海浸城根老樹秋便似彿作不可以寒瘦輕之也

二十四日晴
驛民及張子蓀來雲楣已弋獲武清之盜廉生來領失物
盜皆河南山東人也

二十五日午後陰微雨
以銀四百兩寄吳壯孫為葉子晉償之也(交西輔日昇昌寄)張樸君李贊臣陳覲

廣范肯堂先後来

二十六日晴

合肥贈浙江畫一冊有張芑堂題芑堂名燕昌海鹽人所著金石契古来飛白書考又於范氏天一閣藏書中獲北宋石鼓文搨本因撰石鼓文釋存此卷即以飛白書端因石鼓亭所藏神品臺灣邵友濂所贈也余舊藏浙江一卷有紀伯紫王于一呂半隱蕭尺木費此度諸人題午後与菊耦展舊藏画卷觀之菊耦以法黃石所画海市圖及詩雄闊可愛余則以桃源一幅為佳因笑曰吾定時人卿其庸女也

偶舉燭影斧聲之事問閨人謂此事太宗果弒否閨人云太宗直

弒耳以春秋之法必書弒君明甚何以言之通鑑長編宋皇后夜召德芳繼恩以太祖傳位晉王之意素定乃往趨開封召晉王王猶豫不行繼恩促之后見王愕然遽呼官家據此則是股肱大夫太祖果欲立弟何爲臨時無一言然則帝自遺命立子而晉王隱於寢宮直入突然奪之孤寡其後乃以金匱之說要天下耳宋后之喪不成禮芳徒以之死其無兄之迹之不待書而自顯初何煩攷湘山野錄哉且以湘山之說證之則是夜帝本無疾矣焉而前尤可疑惟穀梁謂鄭伯克段處心積慮成於殺太宗本建陳橋之策導兄以不臣旋即報兄以不弟蓋代周之日兄已顯而己尚微故如商人之讓惠公及

海内小康咸名臣立朝執其兄殺其子而代之視齊之武成等耳亦處心積慮而成乎殺者也宋臣文字緣飾彌縫使誠允之派不彰自不足據耳仝日卿竟以老吏斷獄識力甚辣

廿七日晴

送曉民行廉生遣紀來昨夕至寄來明拓唐帖四本 皇甫 鴈塔 圭峰 元秘

廿八日晴

曉民來辭赴臺灣約晦若容民來齋中以舊書畫共賞之時論古來此頗攜有名人小品力不能得姑從觀以飽眼福

以食物數種寄潤師 杜夫人有疾也此事直難慰藉思之耗

張餇於帳

廿九日晴

毛蕩生世兄自都來贈湯文正嵩談錄稿鐵梅菴臨聖教一本午後復康生書以權帳案早白濟碑拓本贈之較其精拓雁塔劉燕庭藏本也貲戈什入都寄都中家書附安圃十一書

廉生有宋拓大觀帖乃沈壽榕所藏售與其尊人蓮堂先生者何義門有大觀帖跋云其驚鴻游龍之勢固是天人止使筆以尖著紙不肯用盡腕力銳鋒中意到於古法無參差也中有削字乃遂入右旁左右無依人如書所謂僕臣諛顧為自聖者耶 此又丙丁

通鑑之一事也翁覃谿復初齋有大觀帖跋數則大致以太清樓帖無翻本其亮字缺全本乃榷場本亮字頂腳微微尚露畫痕石甚邊皆有刻工姓名　近日多有稱買得初搨完大觀者陳香泉隱綠軒題識云從華亭總憲處觀退谷所藏宋搨止存一卷亮字未損墨色純黑與世所謂宋搨趙霜者迥然不同今廉生借寄一卷不知亮字全否墨色沉黯字皆飛動可寶也

三十日晴

午後答聯仙蘅自安慶來答毛蓀孫蓀孫僅存一弟名繩錫仙蘅有二子二孫長子肇忱式沅子廿一讀書

余以黄山谷寫齋廟碑實出於褚因留意河南之書為採原寫影本之計廉生深鏈之為余物色褚雁塔聖教甚勤嚴趙子函以同州道逸婉媚似滕慈恩此說非是又云二碑按年代官品王元美均以為不合署名處皆後人附益玉海太宗製聖教序高宗為太子又述記并勒碑置慈恩寺浮圖永徽四年十月褚遂良所書則大塔似是真蹟而同州本反勝何也佩綸案褚公以貞觀二十二年拜中書令高宗即位賜爵河南縣公永徽元年進封郡公尋坐事出為同州刺史三年徵拜吏部尚書同中書門下三品監修國史加光祿大夫其月又兼太子賓客四年代張行成為尚書右僕射依舊知

政事碑書於永徽之冬十一月十二月太宗文則題太宗末年之宸翰
宗文則題本年之宸文何不符之處而元美妄疑之耶廣川書跋
謂慈恩跡瘦勁練不減銅甬等書諒矣蓋王趙止據後來拓本
廣川所見則原拓也
王山史砥齋題跋褚公聖教序記勒碑慈恩寺浮圖結體用
筆婉麗秀穎含人有餘思所謂瑤臺青瑣窅映春林嬋
娟美女不勝羅綺者也而王弇州以為軟弱不足言蓋其胷中
先有同州本所按故耳余擬慈恩公所自書刻石者同州乃摹
刻耶徵君謂同州饒骨慈恩饒韻而同州尤有隊石驚雷之

勢。其言自不可易。如弇州軒輊則過矣。佩綸謂山史說亦模棱，阮云同州為摹本，崖其摹刻轉勝原書，天青出於藍，冰寒於水，容或有之。而當日書法能駕河南而上之者，云係何人？龍朔時河南竄死炎州，又誰肯摹書託名昇？然則同州之是後來仿刻，豈能與慈恩抗行？河南書此碑時年五十九，本工隸書，又以兼摹禊帖，盡得南北兩派之分合，指實鋒中，微妙全在毫顛，實生平之極作。其明年遂遭貶徙，流離瘴鄉，才四年而摧折未同，更有大書深刻之碑，則觀褚書者當以此為最佳之本，豈可隨波逐流，拾明人唾餘以軒輊之哉。褚公以顯慶三年卒，年六十三

十月初一日晴

午後蒼仙蘅晚過晦若容民一談

近人收求四王吴惲單幅高價於是真贋雜陳往往割裂舊畫改

題其名續覧截鶴跋據名迹實多永寶前以惲冊見示亦頗清

妍而失之薄弱其題中乃多剔字並索價已三百金論古一冊較佳

價至五百金而畫已黯淡失神余故不蓄王惲亦李衡少不蓄文

逸意也偶取甌香館集讀之使如見其畫矣錄數則以志其

高趣　題石谷畫元人逸趣云笑我癡顛成痼癖問君何事

最銷魂自言只愛王郎筆半幅雲煙墨一痕　又題石谷冊云鷗

波昔石谷石谷今鷗波英雄惟使君天下如君何註云二三年不見石谷筆墨蹟臻極陵觀其爸毫傳色經營若心自董宗伯以來未有能與其奇者　又云石谷不喜余喜生當對孫承公云臣叔研精于草日求其趣于煙雲山水之構疎矣予初不以為然已而思之寫生與畫山水用筆則一蹊徑不同久于花葉手腕必弱豈能通于千巖萬壑之趣乎石谷終歲未嘗于寫生著意並闕一為之必有過人處蓋其得力于山水者深筆精墨運而其餘不可勝用也石谷進哉殆矣于水仙之移人情哉觀此則南田之傾倒石谷與石谷之愛重南田交情膠漆世必謂南田遜而為花卉以與石谷爭名何其陋也道

藐一理能成大名未有不虛心者

初二日晴

終日枯坐意甚躁夜讀史一卷無所得

閱宋季三朝政要文文山妻歐陽氏亦守節而死天祥為祭文曰忠臣不事二君烈女不更二夫天上地下惟汝與吾天祥弟璧知惠州奉母夫人就養隸附後歷廣西宣慰使文公歎曰兄為國弟為家各行其志云文信國史閣部之弟均事二姓殊愧其兄歐陽夫人則勝祁黃二夫人矣　失名

宋以周顯德七年受禪至十六傳而幼君名顯改元德祐合顯德二字

鈐山堂書畫記有子昂五馬圖二幅為妄人題以五駿

彰著於命名改號之間人不之覺杜太后將終召太祖曰汝自知所以得天下乎政由柴氏使幼兒主天下羣心不附若周有長君汝安得至此豈料三百年後似道貪權利於立幼卒至覆國是亦其初見於孤兒寡婦之難也余竊不滿於藝祖之受禪而傳國之寬三百年之為不幸宋儒者居處其所以若有深仁厚澤者蓋臣論可為精確

初三日晴

得都門書永寶寄一幅㩦麓生定為明初拓本惜序後年月銜名廿二字失去完退一病過晦若一談論古以子昂五駿圖來售後有不齊墨卿𣏾山黃慶駐泉盛子大諸題之真而圖本八駿已失其三蓋五馬又

圖轉失之慶曆以為八
駿異之亦誤

失去而俗人以怯馬五尻之也

山谷題跋余在黔南未甚覺書字綿弱及移戎州見舊書多可

憎大槩十字中有三四差可耳今方悟古人沈著痛快之語但難為

知音爾李翹叟出褚遂良臨右軍文賦真蹟勁清潤真天下之奇書

也案山谷真蹟勁清潤乃黃河南非黃王也而俗說開本題曰李衣

軍文賦後失之

初四日晴

午後洪翰香來以唐碑遺閱攷證竟日得安好書

皇宋書錄引纘雲馮時可文集云老蘇書法律不足韻度有

餘蜀人本不能書元祐間東坡始以筆畫名世其流雖出於二王其實已濫觴於老蘇派源中矣老蘇書今已無存錄此以資攷核

近人詢言朱子書學曹瞞此何所本書錄引周益公云朱元晦嘗先君子及其暮學于荊公書多偽真蹟惟此書有跨越古今開闔宇宙之氣則朱子書學荊公也南軒亦云荊公書有晉宋間人用筆佳處

山谷評子由書云子由書瘦勁可喜反覆觀之當是捉筆甚急而腕著紙故少雍容耳縉雲文集云頗瀆本無墨名然風味極高真可[illegible]兄弟東坡蘇林德機此示余謂之曰世

間絕無賴須考惟臣少尤宜愛惜按汪時可謂坡書至老蘇泉源中頗虞可以見弟東坡此等議論於今之善應酬者可笑也

初五日晴

寄安圃及諸姪孫書呂孫茶孫來買筆過容民略話夜飲微醉

讀蘇詩十餘葉

初六日晴

取合肥所藏小觀武梁祠畫像乃黃小松舊藏何子貞長題額

佳夜儒弟自署來

東坡琴詩云平生不識宮與角但聞牛鳴盎中雉登木出管子地員篇 欽定律呂正義本此以管子為經音東坡之說必有所據惜不可攷矣余從此悟以雉登木為句木與角韻而鳴音疾以清鳴字為句鳴與清亦韵也迷能讀管子者莫如東坡矣余數年來作管注讀坡詩為兩家結一重緣亦熟能生巧歟

初六日晴

復章頌民書崔琴友自安慶復來

前漢循吏傳六人耳後漢既列循吏傳而鄭俠杜詩張堪等仍列特傳不入循吏篇中殊不可解因兒輩作杜詩論指此示之

蔚宗自云循吏以下論贊天下奇作而體例乃如此其疏何也

黨錮之風自後漢而嚴然西京已見萌芽楊惲之獄諸在位與惲厚善者韋玄成張敞及孫會宗等皆免官翟方進因紅陽侯立之獄劾陳咸復奏立黨友朱博孫閎及咸歸故鄉又素與定陵侯交亦內懟謝罪乞骸及延視事條其長所厚善孫寶蕭育刺史二千石已上免二千餘人及光武初年蔣遵以屬吏之訴廢禁錮戴憑為言帝怒曰汝南子欲復黨乎此皆黨錮之先機也不知本按漢律抑且按後王之例方進以定陵之黨事而自免復條其他人以自解居心尤不可問宜其相業之不終矣

初八日晴

王漢輔自都來冀北之弟名崇烈今年北闈謄錄得廉生兩書昨取合肥所藏武梁畫像覽閱之乃黃小松物披展至三更不覺更涼夜不成寐潛研堂金石跋尾云武梁石室畫象畢機云宋以後碑石湮沒好事家得宋拓本從為希世之珍乾隆丙午小松于嘉祥縣南三十里紫雲山得之土人名武宅山其石裂而為五即此本也又乾隆乙酉濟甯李東琪營治武氏祠復得左石室畫像亦見潛研跋則此本無之

初九日晴

昨夕失眠甚憊永寶隸古切來觀書畫遣興惜少佳者晚

仲彭約至其業師夏建侯處一談得都中書
閱明儒學案 吳康齋與弼為石亨薦以諭德輔東宮辭歸
先生知石亨必敗而還後人問其故弟曰欲保性命而已或謂先
生跋石亨族譜自稱門下士顧涇凡允成論之曰此好事者為之梨
洲以為若先生不稱門下則大拂亨顏先生必不能善歸所謂欲保
性命其亦有甚不得已者乎佩綸謂梨洲之見陋甚使門下之
稱果出康齋不足以為儒者矣出於託名冀者近之然吾謂康
齋多得亞既不受官何取儒之道號乎

初十日晴

慈壽聖節

復閱書畫竟日。都中書來。

閱南豐類稿，據行狀及宋史，類稿五十卷，尚有續稿四十卷、外集十卷，今止存此二本，為查溪元孫才道行思儀彥華所校刊，其大段與明成化六年南豐知縣楊參刊本同，惜不得顧[illegible][illegible]校刻之本。

十七日晴

復都中書，寄五十金買圖書石，又復廉生一緘，求詩約談。

永寶送明季國朝名人尺牘十八冊，始文震孟至黃易、王芑孫等。

明人均小字疏行，乾嘉間則字大行密矣。小松劉拓漢碑均用松煙

可寶致陰

十二日晴

崔琴反來午後蕢臣過話

十三日陰

過晦若略話得八弟書改代為看夜飲破寒

隸古送一升仙太子碑來碑陰無譔書還之

十四日陰 始著灰鼠裘

復八弟書壽文舊僕史升來知其父丙因葬湘鄉本甫有一書及

再問事實留不詳 差弁入都寄密甫夫人挽幛

姚姬傳選五七言唐宋詩今體以補漁洋頗為時流取法然於唐之派別頗不清也其中唐一卷云大歷十子以隨州為宗其餘諸賢亦各有風調至於長慶香山以流易之體極富贍之思非獨俗士奪魄亦使勝流傾心然滑俗之病遂至濫惡後皆以太傳為藉口矣非慎取之何以維雅正哉按中唐詩非隨州香山兩派所能盡也柳子厚劉夢得張文昌當各為一派元遺山鼓吹集直以子厚居首是其私淑所在東坡初學夢得韓昌黎雖不以七律名然其和盧使郡元日朝迴及晉公破賊回重拜台司兩首格律直逼杜陵此文昌之胎源也今置昌黎不入選而文昌僅選其曉來江氣連天白雨後山光滿郭青一首豈非

信手掇拾耳宋七言亦略宋初及荊公一卷即大謬宋初當自為卷

所謂昇平格律未全同也此下荊公子瞻魯直當各為一卷於以上

承三唐下啟南宋魯直一卷目應附入西江各家以存其流別然

後以救翁蔽之

十五日晴

潘子静來午後無事讀柳文二三首論古送錄文休昌世寫經四

冊及石谷畫十二幅畫真乃兩本合成者不足取矣丹崖編修自都

來滬遂感冒誤服藥病劇由甬還浙附商船公所夜往視之

十六日晴夜霧

翰香來言琴生之子愷後又殤為之悲愴不已

陳後山云杜之詩法韓之文法也詩文各有體韓以文為詩杜以詩為文故不工耳余按杜文不工固已以韓謂不工於詩則後山之偏見也苕溪漁隱論昌黎詩至三卷續輯一卷皆枝枝節節而論之雖斑貴互見其未窺昌黎詩之全體則一夫詩文本是一事昌黎之詩與其文同李漢所謂摧陷廓清之功比于武事蘇明允所謂淵然之光蒼然之色畏避不敢迫視者不獨稱其文實兼其詩言之文公以李杜並稱其詩實奮有李杜之長李之奇而超杜之厚而重公尤得之蓋探原於二雅三頌楚騷漢賦古樂府以成一家之體籍得其高亮郁

得其堅瘦荊得其議論蘇得其波瀾實中唐一大家與白香山一平一奇各極其妙而學韓者易失之粗學白者易失之滑韓白不任咎也世不知韓玉谿所謂詢詭奇語重喻者少耳

廿六日晴

晚過甯堂一談

甯堂方評騷分章集解其意以王逸洪興祖及朱子各一家所說均未盡合故自為之桐城派往往若此且謂遠游非屈作乃後人以大人賦竄改招魂乃招懷王非招屈原亦原作而非宋玉所作余不謂然遠游為屈作漢以來無異辭至得以大人賦赴之偶同規模近似疑為依託果爾

則孟堅兩都之後人僞託以壓卑子兩京乎斯可悟矣大招或以景差所作叔師仍以為原作此即司馬子長所謂招魂叔師所謂大招其魂也明黃文煥楚辭聽直姑據史駁楚辭章句似不必汲其謬說耳賓堂家居更余言此則未以為是

十八日晴

晨起閱丹崖已於昨夕逝世午後得九弟書知子山歲已於八月間作古同患同戍為之惻然

十九日晴

得高陽書亦無好懷午後班卿輸香來談詢因琴生家事也談次

愈形鬱鬱。晚得八弟及都中書。

二十日　晴，午後陰慘。

復都中書。

二十一日　晴

劉薌林來談。

司馬子長於屈賈列傳錄賈生二賦，以弔屈明合傳之意，不以其賦也。於相如傳錄其賦以存辭賦一派，並是矣。班氏不達此旨，既錄相如、揚雄，而叙傳中又錄其幽通賦，實為史體。史著記一代之興衰，此何關於國計民生哉。儒林一傳於經學源流甚略，使節此無

關係之詞賦而詳有撰要之居經千載以後不知少若干駁珍矣

班氏譏子長先黃老而後六經余以為黃老六經漢時學派不同不

無存之辭蘭賦特一以明乃而煩複若此班固文人非經生亦非史才也

○敘傳敘其書旨因而附及家乘太史公世為史官故不嫌其詳備班

氏既作國史實攘子長之文亦止能存太史之敘傳於敘傳之前何攘文

將揚子雲敘傳全行載入並錄其太玄（法言）之自序如以為太玄法言果

當述太玄擬易法言擬論語何不於儒林傳將易之同異論語之

篇目一一全載乎此無意為存經全無所斷實非史之體倘世人以

漢之家制度全備於此書不因不按篇之不知其存者什之一而其亡者

什之九矣焉足以為班氏之功

廿二日 晴

巳刻往送丹崖同年歸櫬午後宵堂來談

草堂杜詩箋僅存廿二卷黎庶昌使日本得南宋本四十卷高麗本補遺十卷以校廿二卷本則十九卷後三卷即補遺之前三卷也而黎刻亦漏去上元庚子冬杜詩十餘首杜詩若無佳注錢蒙叟注云宋人之宗黃魯直元人及近時之宗劉辰翁皆奉為律令莫敢異議余嘗為之說曰自宋以來學杜者莫不善於魯直評杜者莫不善於辰翁魯直不知杜之真脈絡所謂前輩飛騰餘

波綺麗者而擬議其橫空排奡奇肉硬語以為得杜衣鉢此所謂旁門小徑也辰翁不識杜之大家數所謂鋪陳終始排比聲韻者而點綴其尖新儁冷單詞隻字以為得杜骨髓此所謂一知半解也宏正之學杜者生吞活剝以撏撦為家當此魯直之隔日瘧其黠者又反脣于西江矣近日之評杜者鉤深摘異以鬼窟為活計此辰翁之牙後慧其橫者並集矢于杜陵矣余之注杜實深有慨焉而未能盡發也其大意則見於此按錢氏狙于幽厲變雅之辰識微之見箋于篇之訕謗語之刺譏謀為太過而錢之人品心術不足道學問實卓絕一時故扶蔡黃之後以討證史以

史衎詩二頗有疏通證明然曰杜陵心曲者近人或稱仇楊兩家實於其上也如錢注所謂不以人廢言耳擬去其太甚過而存之亦所皆節耽耽道欲

廿三日晴北河已見冰

朝陽馬賊作亂名學好教匪其首僭稱平清王名郭海有偽總督名李春廷建昌義州應之熱河告急直奉以師會勦

戡之自虞山來留午飯其到滬以來徵捐免保舉被駁現來長蘆領款藉商出處

廿四日陰

李勉林来午後答勉林丞、載之處久談晚餘得廉生書以其從伯

白海先生詩見示詩中有酬 先人一律敬錄之依原韵

彥和四十九文心雕龍從来有四深翡翠蘭苕才細小珊瑚鐵網

氣陰森千金價索需神駿一一隱書供賦上林寫示諸生言可膾

炙言都作老龍吟 先生名廷慶嘉慶甲子舉人乙丑進士官兗州教

今授國子監博士

廿五日晴

午後載之来談至莫始去

廿六日午後陰

作安圃書又九弟寄桂

廿七日晴

載之來談復康生書

錢竹汀先生與馮星實鴻臚書蘇詩年譜先生生于景祐丙子十二月十九日本見干支以遼志朔攷證之是年十二月實乙巳朔則公生日當為癸亥施元之以為壬戌殊未足信竹汀本精於厤算此說一出注家均以蘇公年命為丙子辛丑癸亥乙卯而以施注壬戌日癸卯時為非王文誥並以星平家言為之推算無不應驗余案石林燕語契丹厤法与本朝素差一日熙寧中蘇子容奉使賀生辰適遇冬至本朝先契丹一日子容識各以其日為節致慶神宗喜其後奉使者不知此遇朔

自有不同至史相排謁而不要非國體也據此則遼宋建朔不同未可據遼志以駁施注矣

宋史太祖改元乾德命宰相擇前世所無年號以進既平蜀蜀宮人有入掖庭者帝閱其奩具得舊鑑有乾德四年鑄字帝大驚出鑑以示羣臣宰相皆不能答乃召學士陶穀竇儀儀曰此必蜀物昔偽蜀王衍有此號當是其年所鑄也帝乃歎曰宰相須用讀書人由是益重儒臣 石林燕語則云趙王為樞密使盧多遜為翰林學士一日偶同奏事上初改元乾德因言此號從古未有趙王從旁稱賛盧曰此偽蜀時號也帝大驚遂令檢史視之果然遂怒以筆

抹韓王面言曰汝爭得如他韓王經宿不敢洗面翌日奏對帝方命洗去自此趙盧之隙蓋深案盧以開寶二年始直學士院安得乾德間即為翰林學士此夢得之妄也耆舊續聞又云江南保大中後秦淮得石誌案其刻有大宋乾德四年字令諸人參驗乃輔公祏反江東時年號並則竇儀又不知輔公祏亦有此號矣類紀之以見攷證之不易也

杜子美詩功曹非復漢蕭何劉貢父以為誤用鄧禹事夢得駁之以為蕭何為主吏孟康注主吏功曹也杜用事精審未可輕議余案三國志虞翻傳注策曰卿但以功曹為吾蕭何守會稽耳

杜貴墀氏事要目始之未審也

廿八日晴

徐天麟兩漢會要東漢擬范書為本旁采諸家西漢於本史外漢制見於他書者概不采掇亦免失之太隘即以律學言之東漢既別立一門而西漢則總曰律令殊多遺漏今為略分晰之

相國蕭何攈摭秦法取其宜於時者作律九章 刑法志原

鼂錯為內史法令多所更定錯所更令三十章 鼂錯傳原

路溫舒求為獄小吏因學律令 本傳

趙敬肅王彭祖為人刻深好法律持詭辯以中人 景十三王傳

于艸堂石影

以寬為奏讞掾以古法義決疑獄 兒寬傳

張湯劾鼎文見之視文辭如老獄吏大驚遂使書獄 張湯傳 如日決獄獄老

謂律令也

與趙禹共定諸律令務在深文 同上

杜周少言重遲而內深次骨客有為周曰君為天下決平不循三尺法專以人主意指為獄獄者固如是乎周曰三尺安出哉前主所是著為律後主所是疏為令當時為是何古之法乎 少子延年亦明法律 杜周傳

陳咸以律程作司空 陳萬年傳

鄭弘字稚卿兄昌字次卿皆明經通法律政事次卿用刑罰深不如弘平 鄭弘傳

于定國其父于公為縣獄史郡決曹決獄平定國少學法于父 于定國傳

丙吉字少卿治律令為魯獄史 丙吉傳

尹翁歸少孤與季父居為獄小吏曉習文法 尹翁歸傳

鄭崇父賓明法令為御史事貢公名公直 鄭崇傳

淮陽憲王欽壯大好經書法律 宣元六王傳

薛宣以明習文法詔補御史中丞 薛宣傳

文翁乃選郡縣小吏開敏有材者張叔等十餘人親自飭厲遣詣京師受業博士或學律令 循吏傳
黃霸少學律令喜為吏 同上
嚴延年少學法律丞相府歸為郡吏 酷吏傳
案漢律令為專門之學張蒼傳及以比定律令如氏以為定十二律之法令於咸宜陳寵謂以此故取類以定法律與條全也當從陳寵之說河平詔書其與中二千石博士及明習律令者議減死刑足證明律與群經並重故兒寬能以古法義決疑獄而董仲舒亦有春秋決事也至酷吏傳諸人則深以刀筆吏抑

之。不得習唐明習法律之科，其旨微矣。其時如張釋之之治黃老，張敞之通唐氏，雋不疑之修公羊，皆無不兼明法律。特史略之，惟朱博自以起於武吏，不通法律，故恐為官屬所誣，乃自矜耳。劉已久令掾史與正監共撰前世決事吏議難知者數十事，於以明之，因平處其輕重。然特久吏習於政事，以意比之，究不得為明習法律也。後漢郭躬傳，父習小杜律；陳寵傳，稱父咸性敏，其家律令書文壁藏之，寵因以明習家業。天麟于東漢有律學而不溯其源流，近於數典忘祖。樓晏議，吏僅援唯曾以此一節概之，那班孟言，多偏義矣。

二十九日晴

戴之來

蘭駢館日記

辛卯十一月初一日晴

樂山調熱河都統作樂山書午後戴之來談

初二日晴

吳慎生自南田都贈蟹百隻蚶十斤留之晡談言南中伏莽尚多未可謂之樂土

初三日大風

盛杏孫來約戴之赴上海商局午後与戴之定議

初四日晴

戴之果薛以舍利猻馬褂狐皮套褲贈之念姊氏去世謂之憮然

有秀水金蘭才書石爾孫字与古人有舊以書画來售留名人扇面

數十葉而去厲上海天官牌坊人不俗固紀也得澗師書言師母

久病　王子裳比部詠霓攜書來

初五日晴

以戴之事寄戴士書遣陸宣赴蔡罕寄梁山書是日得梁山

十月二十九日復函病已漸愈

初六日晴

永寶田都遣朱存偕行省杜夫人疾並寄慰濮子泉書及康

生慎生㑹函明日曉發

初七日晴

鄭班卿作一文難毛西河不當以甲兵車卒徒兵分為二等其後半乃定車兵每乘百人以四兩分於車之前後左右分為四隊云云余嫌其意斷班卿執之甚堅余不好辯一笑置之而已蓋班卿所守乃明王氏應電之說而一乘百人之說實不始於應電牧誓序武王戎車三百兩虎賁三百人偽傳云兵車百夫長所載孔疏謂校見臨敵實有百人國朝沈冠雲彤謂一車百人一軍一百二十五乘六軍合七百五十乘秦文恭以六軍千乘之說駁之方悟敵殆為之說則引

司馬法甲士三人步卒七十二人復按杜牧孫子注謂又有炊家子二十五人

一車原有百人要之皆臆為之解耳車戰萬不能用讀書者

与其武斷何如闕疑

王參元家失火子厚作書賀之云家有積貨士之好廉名者皆畏忌

不敢道足下之善困學紀聞云嘗校樊南四六有代王茂元遺表云李

季弟參元俱以詞場就貢久而不調誌王仲元云第五兄參元教之学

今王仲元誌已佚參元之名獨見於李賀以傳參元能與柳子厚李

長吉交其人可知茲則義山之情於王氏焉知非出於參元之文字校

契今必以茂元多貨證及義山何也

初八日晴

班卿來談

初九日晴

昨夕合肥感寒仲楣來談

初十日晴

得梁山書復之時潘萬才有建昌榆樹林之捷

十一日晴

張楚寶來談合肥已少愈

十二日晴

楚寶黃匡均來久坐

十三日陰

十四日晴有風

十五日晴

寄都門高陽霸州二公書 渠山書來 十八日發行

十六日晴

復渠山一書並附世帆一函 雨楯來辭行

十七日晴

芷庭並來談夜睡甚遲 合肥來大瘉與仲彭久談至丙夜始

寢

十八日晴

同道同來閱合肥疾欲改用中醫不許午後送雪楯行夜少

服以者衣所留扇五十二葉跋之

十九日晴

寄戴之書

二十日晴

雪楯來談時入都展覲連日以竹垞漁洋兩集互閱

二十一日晴

合肥派馬隊五營出口會剿以副將呂本元統之衛賈先後函寄茶
山書安圃有書至孫命名茶頭
二十二日晴至日一陽來復
合肥漸愈夜過晦若襍談復安枕一夕
二十三日晴
得高陽書午後復之
二十四日晴
背小作冷夜晦若來襍談良久而睡
二十五日晴

晚朱存目都回得潤師復書以韓柳文通藝錄還都肆

廉生一希談諧而已

二十六日晴

復潤師書過仲瑋少談

二十七日晴

杜坐竟日

二十八日晴

晚過晦若談不暢

二十九日晴

復廉生書交昨日搢升邵班卿來談

三十日霧大風

得袁爽秋書附送芍農詩數律箋中有韋蘇州詩乃汲古閣本擬以席刻校之

朝陽赤峰賊平赤峯賊首李國珍為潘萬才生擒梟示朝陽賊首楊悅春父子為聶士成募獲一月之內肅清惟此次教匪滋事因由蒙古欺虐民教堂欺在理而起七賊已戮蒙古仇殺良懦教堂亦保護勢皆益橫而那民則一月間迭罹蒙教兵賊之寃殊可閔也

十二月初一日晴

明日合肥有差弁入都，復九言一函（九言修葺期定十二月廿七日）

初二日晴

連日心境不靜，讀書甚無所少

初三日晴、

過梅若少坐

初四日晴

有以書求售者，寄板甚佳，而價真甚昂，付之一歎而已

初五日晴

仲彭之第五子殤過其齋中慰之午後至梅若處久坐

初六日晴

得樂山書合肥召余至齋中久談因樂山乞振款及都中實告

賜壽楠聯也近日稍能讀書檢閱管注又改已數處

石鼓歌世傳韓蘇兩作子由和詩不稱可置之不論韋蘇州亦有此篇

在韓之先苕溪漁隱曰韋蘇州歌云周宣大獵兮岐之陽刻石表功兮煒

煌煌石如鼓形數止十風雨缺訛數止十苔蘚澁今人濡紙脫其文

既擊既掃白黑分忽開滿卷不可識驚潛動蟄走云云喘逶迤

相糾錯乃是宣王之臣史籀作韓詩從臣才藝咸第一初不指言

史籀歐公集古錄云于字畫亦非史籀不能作蓋原於歐坡詩憶昔周宣歌鴻鴈當時史籀變科斗亦原于蘇州也然歐有闕攷證詩亦非韓所能掩耳

初七日晴

復樊山書于後鶴巢以近作吳弟詩見示

初八日晴

復鶴巢書

初九日晴

盧同年昌詒自山東來因識處屠仁守棻嚴官者字棠甫湖北人庚辛丙子同譜也

初十日晴夜雪
作廉生復書一帋並寄還大觀帖
十一日雪霽
寄家書夜得果山書以教民横逆上疏
十二日晴
朝陽靖亂合肥優敘
十三日晴
盧栗甫來談
十四日晴

李賁臣同年來

十五日晴大風

粟甫又來夜復來與秋王廉生各一書

買帶經堂全集一部余不好漁洋詩政篋中非精華錄訓纂及漁洋緜潔合刻詢未畢業也此本家板初刻精雅以十六金留之

桂安謂漁洋之文視竹垞則瞠乎後矣又云張雲章文略序謂以先生詩為今之太白子美屢知非溢美矣以先生之文為昌黎柳州容有或信或不信者蓋當時公論已示先生以詩名一時古文特天資開悟自並修絜實則非所專門雲章必以詩文並稱非篤論矣

佩綸謂漁洋之文於論詩則目擊心得於朝章國故則洞悉源流
如茂先說史漢衰之而胜窮精謂詩為專門卻有明氣文非專門
卻無霸氣

十六日晴有風

挽宴論懷麓云何李如齊桓晉文功烈震天下而霸氣終存東陽
如衰周弱魯力不足禦強横而典章文物尚有先王遺風論空同
云其詩才力富健實足籠罩一時而古體必漢魏近體必盛唐
句擬字摹食古不化亦往往有之論大復云與李夢陽俱倡復古之
學並天分各殊取途稍異故集中與夢陽論詩兩不相下平心而論

澗于堂石影

摹擬蹊逕之人之所經略同玉夢陽雄邁之氣與景明諧雅之
音亦各有所長正不妨離之兩美不必更分左右袒也論滄溟叒貿
地本高記誦亦博其才力富健凌轢一時實有不可磨滅者汰其
膚廓擷其英華固亦豪傑之士譽之者過情毀者亦太甚矣
紀文達於詩家持論最為和平錄之意為學前後七子者先
路之導詩至今日已全不知有漢魏六朝初盛之唐之絕響
學七子者亦徒就七子而摹擬而已所以每下愈況也使能就七
子之說多取漢魏初盛讀之而以己之性情遭際合之亦必能自
出機杼成一家言詩中真消息決非稗販所能工耳

十七日晴甚寒

連日補注管書暇輒以詩陶寫性靈

漁洋有言劉公㦷論詩云七律較五律多二字耳其難什倍辟開硬弩祇到七分若到十分滿古今亦罕矣予因思唐宋以來爲此體者何翅千百人求其十分滿者惟杜甫李頎李商隱陸游及明之空同滄溟二李數家耳余謂公㦷此言深知七律甘苦漁洋求其人以實之轉涉于偏東川豈足方駕杜陵劍南亦難接武玉溪明之二李更不足道矣七律如子美可云特闢世界有千門萬戶之觀惟右丞隱若敵國玉溪乃其分支唐賢三分其鼎餘無人焉宋如王荊公

蘇端明有意求工王謹嚴而韻少蘇動盪而響浮南渡如務觀非不對仗整齊情味雋雅而兩蘇相較能色澤相似而厚薄迥殊下至明七子則如醇醨之不可並陳樝梨之不可並語矣而漁洋合之豈非見虎賁而謂為中郎愛叔敖而相及優孟乎余於國初六家喜朱而不喜王然王之七律極力講求而不脫七子蹊逕朱於七律一體少日頗似玉溪而少一種沈鬱頓挫之致亦畫肉不畫骨者蓋以義山之修潔縟麗而未知其奇恣飛騰也今學詩者動以七律為應酬而不知此體之已成絕響安得少年英絕語以唐賢之蹊徑三家詩書

消息變化開闔自成一體以張皇說耶

十八日晴有風

仲彭來談得晏園電寄三百金還戴之夜閱遺山詩

明益藩有盛明十二家詩選今取其選七律之例閱之錄備考核

七言律詩宋元庸腐枯弱俗滿纖巧初唐沈宋崔杜爲魁

俊麗嚴為七言之祖雖大而未化亦盡美矣盛唐之作雄渾俊

麗溫厚從容岑參諸派清麗高適典雅森整俱到自然皆

入聖域其後來若杜甫神機天妙兼二子之所長而又能變化縱

橫以盡七言之妙抑又大焉學者先學初盛七子而終之以杜則

朮作天寶以下詩矣中唐大曆諸子間有佳篇但終少一股渾厚處所由高知者道也大所選十二家以初盛為斷但七言律全工者唐人中亦無多況後世乎選中金錦園多得半者亦間或取之斯體在文章猶好選官須實歷稱得人

案此言深得七言甘苦然詩如義山豈可以晚唐廢之蓋因七子之派如此耳

望同出塞云關塞豈無秦日月將軍猶數漢雲姚大復元夜仲脩宅對月云雲前大樹晴相照花外金環晚並還得嚴吉士云天邊魑魅羅人過日暮蛟龍傍客居唱歎答留長史云萬里江湖雙

灑淚百年天地窄又游昌穀曉過獻縣云曉軒歷歷收星夜隱隱蒼

蒼古木秋華泉漏趙偶成云鏡中白髮蕭空老江上青山美未蘇

滄溟宣武門眺望云五陵佳氣蓬萊外大漠青山睥睨前朝退看

西山霽雪云千峰曙色開金掌並馬寒光出錦袍空翠秋浮仙

闕動晴雲猶傍帝城高望其詞藻讀其音節信是初盛詩中

佳句無如死於句下全無靈秀雋妙之趣此之謂塑羅漢泥美人

漁洋以神韻救之似已而所謂神韻者又非洛神之神光離合乍

陰乍陽不過翠羽明璫錦衣繡帶而已其為假詩則一也近人自

命能詩者非七子即漁洋真得鮮矣

十九日晴

廬栗甫來蘭齋作東坡生日以東坡笠屐圖懸齋中設祀適合肥封瑑後來齋中飯相與縱談詩刻聞有善本入都後鶴巢一節陳繼甫太守贈洪右臣古文四冊文筆不健不如其詩陳洪之弟子也

二十日晴

夜李子木自山東來

御選唐宋詩醇劍南詩序引劉克莊之說曰放翁詩學杜甫南渡而後為一大宗朱子答徐賡載書放翁詩讀之爽然近代惟見此人為有詩人風致今諸家詩具在可與游匹者誰也稱許甚至及 欽定四庫提

要則云游詩注傳目曾見而所作若唐仁集序文稱源出唐仁二人隋江西派也並游詩清新刻露而崇以圓潤實能自闢一宗不蹈黃陳之舊格後村詩話僅摘其詩偶之主句為段相後人選詩者惜取其流連光景可以剽龔移掇者轉相販鬻放翁詩派遂為論者口實夫游之簡于成吟刻鈔互陸並所不免朱彝尊跋摘其自相蹈襲者至一百四十餘聯是陸固實由游且不能自免何况後來然寧託興深微遣詞雅馴者全集之內指不勝屈盍可以選者之誤並集矢於作者哉今錄是全集知劍南一派自有其真非淺學所可藉口焉案詩醇選於乾隆十五年奉纂輯

者學文苑諸臣撰述成於乾隆四十七年總纂輯者紀文達
諸臣以不見兩家之詩學淵源又不見
聖學之日進無量似此論尤形允當也

二十一日　晴

擬弁田以廉生後書夜作似九弟作詩多感深

余少學四六醮者子山其詩未及細讀秦倌守禾崔衍望敵先奔
其後歷任諸卿如吏傳舍捷要謂其立身本不足重而四六則六
朝大成四傑先路張燕公曰蘭成追宋玉舊宅偶詞人杜拾遺曰後
來恨罷流傳賦自推揄其文也並拾遺贈李太白則曰清新庾

閱府又自諭曰庾信平生最蕭瑟暮年詩賦動江關則于其詩亦推挹殊至今取其詩校閱一過亦自流麗清澈但幽處恐非五言終不得體如擬詠懷詩云智士今安用忠臣且未聞惜無萬金產東求倉海君安以留侯報韓自況也夫留侯有家財故散財求客如無財則亦有漆身吞炭以報仇者必待有萬金之產而使可報仇則所謂忠臣智士不如貨殖矣子山所謂仇者何人以為蕭繹則繹非仕魏師安能害孝元帝故為孝元帝報仇舍魏何屬耶不能報何故醜顏仕之此殆作于周已受禪之後其殆形其失據耳至云始知千載下無復有申臣則正自畫供招以時目

聘留魏邦不效子卯之節亦應痛哭請長纓兵討不出此轉妻登於他人之不乞師乎立言如此蓋無足取少陵以之自況並況太白所不解也

二十五日晴

寄高陽書適有善本復以食物與諸姪孫

明史文苑傳李夢陽與何景明徐禎卿邊貢朱應登顧璘陳沂鄭善夫康海王九思稱十才子又與景明禎卿貢海九思及王廷相號七才子李攀龍與濮州李先芳臨清謝榛孝豐吳維岳輩倡詩社王世貞初釋褐先芳引入社年先芳出為外吏又二

年宗臣梁有譽入是為五子未幾徐中行吳國倫亦至乃改稱七子名播天下擯先芳維岳不與焉而榛亦被擯攀龍遂爲之魁益藩所選十二家前七子則李何徐邊後七子則王李而別入顧璘薛蕙高叔嗣王廷陳姚汝循張文介六家顧亦十才子之一璘字華玉上元人官刑部尚書廷陳字穉欽黃岡人由吏科改裕州知府以忤巡撫劉籍叔嗣字子業祥符人官湖廣按察使少受知空同以文爲程王道詩新清婉約徐州稱其詩如高山鼓琴沈思忽往木葉盡脫石氣自青俱列文苑傳汝循字敘卿上元人由刑部郎中出知大名府謫嘉州知州有錦石齋集提要謂其詩似陶韋靜志居詩話亦云

詩格不高出五古遠仿陶韋近體能宗大歷故益藩置之李何之列
文介字惟守龍游人有少谷集四庫未收明詩綜亦僅錄四首今其集
不易得益藩所選爲可貴矣蕙字君采號西原亳州人所著有西原
遺書考功集西原以議大禮下詔獄尋以職未舉罷歸屢薦不出
靜志居詩話稱其古詩自河梁以暨六朝近體自神龍以迄五季
靡不句追字琢心慕手追斂北地之菁英具信陽之雅藻迪功
之精詩卓犖名家其高閒修論詩云近日作者有排洗少陵生
吞子美之病未道性情無慕古調真以沿流討源自許晚年究
心講學於詩不師一轍壁壘壞尤人所難捷要之稱其清超削婉約

古體上追晉宋近體旁涉錢郎能識擬多而變化少然筆墨之外別有微情非生吞漢魏活剝盛唐者比其戲成五絕句取何景明之俊逸病李夢陽之粗豪所尚略可見矣又云董玘湛若水俱為嚴嵩同年若水垂髫不免作鈐山堂序董初亦愛嵩文采頗相酬答迨柄國以後惡其為人不相聞問舊時倡和悉削其稿然詩格蕭然孤秀實有自來所樹立又不在區區文字間也

二十三日晴

錢受之朱竹垞均不取滄溟謂其生吞活剝而以弇州為較勝竹垞至謂雖

七子實則一雄余以為後七子之排詆目山人最為涼薄詩社中作此
惡習實可慨歎錢受之云七子結社之始尚論有唐茫無適從
茂秦主選十四家詩熟讀之以奪神氣中詠之以求聲調玩味
之以衷精華得此三要造乎渾淪不必塑謫仙而畫少陵諸人心師
其言厥後雖爭擯茂秦其稱詩之指要實自茂秦發之今明
史謝傳全錄其語茂秦亦可以無憾矣竹垞則謂弇州汗漫如曹
孟德放蕩無威儀笑時頭沒杯案不失為英雄四溟磬折觚工特
公孫子之修飾邊幅僅堪作清水令余謂孟德子陽兩喻可
移贈貧多愛好兩家也

二十四日晴微嗽

明文蘇有光傳有光為古文原本經術好太史公書得其神理時王世貞主盟文壇有光力相觝排目為妄庸巨子世貞大憾後亦心折為之讚曰千載有公繼歸歐陽余豈異趨久而自傷吁流本之虞山所謂弇州晚年定論也然震川觝排弇州亦似太過聞近日古文家一派以川灘習氣而以震川繼歸歐究似溢美也

二十五日晴

昏昏臥竟日

竹垞之詩提要以為少學王孟觀其文集與高念祖論詩書

唐之世二百年詩稱極盛並其間作者類多長於賦景略於言志其狀草木鳥獸甚工頗於棄父事君之際或爛焉不關惟杜子美之詩其出之也有本無一不關乎綱常倫紀之目而寫詩狀景之妙自有不期工而自工者然則善學詩者舍子美其誰師也興明詩之盛無過正德而李獻吉鄭繼之二子深得子美之旨或謂生時非天寶事異廣代而強效子美之憂時以希冀武宗之時可時哉使二子安於耽樂而不知憂虞則其詩雖不作可也此書作於大同是時僅少日亦未離乎王孟耳

二十六日晴

得高儒書並食物四種

竹垞論詩語摘錄之

誦詩論世者宜取玉臺並觀毋偏信文選（玉臺新詠跋）

述者詩人多舍唐學宋吾嘗嫌務觀太熟魯直太生之者流為蕭東夫熟之者降為楊廷秀蕭不傳而楊傳效之者何異海隅逐臭之夫耶（書劍南集後）

學詩者以唐人為徑此遵道而得周行者也唐之有杜甫其猶九達之逵乎外是而高岑王孟若李若韋若元白劉柳則如崇期劇驂可以交復而岐出至若孟郊之硬也李賀之詭也盧仝劉叉馬異之

性也斯瘦縮而登險者北正者極乎杜奇者極乎韓此躋夫之峰者也宋之作者不過学唐人而變之亦非能軼出唐人之上若楊廷秀鄭德源之流鄙俚以為文談美嬉褻以為尚斯為不善變矣王学士西征草序

正嘉以後言詩者本嚴羽楊士宏高棅之說一主乎唐而又析唐為四以初盛為正始正音目中晚為接武遺響亦之權輿調格律之高下使出乎一音言其志將以唐人之志為志其持心將以唐人之心為心以至于吾之性何與焉是謂唐以後書亦不必使唐以後書不必讀則惑之甚者矣退之有言惟古于辭必己出

降而不能乃剽賊夫辭非己出未有不流為剽賊者若王先生之
遠庶幾辭必己出者故王言遠詩序
予年二十始學為詩起居飲食夢寐惟詩是務六經諸史百氏之
說惟詩材是資庶研之所施友朋之所講習未嘗須臾去詩也書序
新詩序
於是又有與漁洋論明詩一篇及此桐鄉馮某詩序則不以派為然此
沈作詩不必鶩某之序則不以格為然而作五段尤為精理名言而為成
來學詩之津梁也
二十七日晴 嗽止

張子蔭素談

竹垞論詩之語余已擇要錄之矣其論古文亦具有心得與李武曹日既至大同關戶兩月潔原古作者所由得與今之所由失然以知進學之必有本而文章不離乎經術也西京之文惟董仲舒劉向經術家能以之文家亦雅服揚雄之徒品行自詭於聖人務擬奇字以自矜尚要知所謂文者魏晉以降學者不本經術惟浮夸是務文運之厄數百年賴昌黎韓氏始倡聖賢之學而歐陽氏王氏曾氏繼之二劉氏三蘇氏羽翼之莫不原本經術故能橫絕一世蓋文章之壞至唐始反其正至宋而始醇宋

人之文亦猶唐人之詩學者舍是不能以師也北宋之文惟蘇明允雜出於縱橫之說故其文在諸家中為最下南宋之文惟朱元晦以窮理盡性之學出之故其文在諸家中為最醇學者於此可以白其際矣以武曾之才正不必博援元和以前之文但取有宋諸家合以元之郝氏經虞氏集揭氏傒斯戴氏表元陳氏旅吳氏師道黃氏溍吳氏萊明之方氏孝孺王氏守仁王氏慎中唐氏順之歸氏有光諸家之文游詠而紬繹之而又稽之六經以正其源考之史以正其事本之性命之理俾不惑於二氏百家之說以正其學如是而文猶不工有是理哉雖李天生書吾不惟不以唐宋之文強點下

並不以秦漢之文勸足下所期於足下者載道之謂也試取古人命
神明之功規仿其字句抗之於論期大裨於世道人心而不爲屋
蔑將足下所爲分者未始不合也此之書爲古文之道盡之矣
今之作僞桐城及專摹秦漢後剩之贗者要可以此棄之

二十八日晴

合肥七十生辰 賜壽 新吾齋至

二十九日晴

得孝達書寄王夢樓楹聯言小五 洋灰鼠裘一領川冬菜兩甕

午後又得澗師書肆雅寄到中州集一部

二十日晴

得樂山書寄衣鼠筆及女皮襖簡各一件桃紅藕合色江綢女衣料各一端乃是天人賜內子者筆及馬褂兩件乃樂山寄兒子者書來有引退意胡雲楣送來管子地員校證兩部

余少而癖嗜竹垞通籍後編閱乾嘉老輩遺集則心所依歸者惟錢竹汀先生先生於書無所不窺其小學不如段之淺顯其經學亦不如戴王之破碎而詩文亦紆餘審備自入歐蘇之室而無放旋家之習氣其序人詩文不免應酬假借然中有精義存焉如序春星草堂詩集云昔人言史有三長並謂詩亦有四長曰才曰

學曰識曰情放筆千言撏撦自如詩之才也含經咀史無一字無
來歷詩之學也轉益多師滌淫哇而遠鄙俗詩之識也境往
神留體近意深詩之情也有才而無情不可謂之真才有才情
而無學識不可謂之大才序半樵甫文稿云文之古不古於辭古
人之面目而古於由古人之性情性情不古若儌猶貌為秦漢者非
古文而貌為歐曾亦非古文也匠之工拙在於詞必己出即果由己出
實而難能僕過自詭於名教之分陽五古賢人今世之有傳其序語
者乎其意益同於俗混相發明

[illegible]日記

于艸堂石影

壬辰正月元旦雪

一冬少雪元旦祥霙豐年之兆也

香山有四十五詩一律云行年四十五兩鬢半蒼蒼清瘦詩成癖粗豪酒放狂老來尤委命安處即為鄉或擬廬山下來春結草堂讀之心地豁然以香山之才年四十五方為江州司馬流落天涯況鄙人年老來尤委命安處即為鄉真素位而行一帖良策也

隨園詩話載王樓村先生詩學三山謂香山義山遺山也晦若因

之改竄香遺山者虞山余皆不以為是余亦有三山則義山半山眉山耳香

山與義山太不類遺山亦不足學由半山以溯昌黎由眉山以規李杜此學

詩之津梁通唐宋之界而上無晚唐淺靡之音下斷西江粗直之派

則亦詩之中流也

唐人所說載香山愛賞玉谿欲後世為之子玉溪生先因居白老並義

山詩並無贈白之作即長慶集中亦無挽李一篇玉谿詩多散佚長

慶集似無遺漏實此等曲說皆因義山作香山墓銘曲為傅會耳

而馮孟亭注驕見詩之竟引之刺之不休亦何其所見之乖謬也

白詩太多如能擇其雅正遒鍊者錄出一編學之亦自有味徐沈兩選

參政乃布政司參政耳
不宜襲宋相之名也

均太略且非真知日者

初二日雪

余最不喜桐城派蓋李臨川錢宮詹之說先入為主也近日作古文者
於鹿門所選八大家亦未涉獵盡顛置姚姬傳古文辭類纂一部便高
視闊步有睥睨一切意甚無謂也偶閱序說一門隸業川壽序數篇
亦復入選竟固陋若是文實不佳如周弦齋壽序云兄弟中河南行省參
知政事不知明為何官此意逃會典較之稱知府為太守知縣為大
令太覺草野戴素庵壽序乃泛泛應酬之作人為鄉愿文亦鄉
愿此何足以為法婦人壽序更難出色顧文康夫人序前後逞湖

文康無非庸腐及夫人生平則曰公之德厚而順其坤之所以承乾

乎夫人之德靜而久其恆之所以繼咸乎尤覺寬廓可美然猶云

應酬之作也其母吳氏事略其父尚在婦以夫為綱子以父為綱乃

通篇不及其父一字直是大謬王弇州以為韓歐嘗定是晚年

荒亂之論而虞山奉為神明桐城尊為真祖殊不值通儒一哂

也桐城方勝於劉劉真亂雜無緒耳並則姚選有刪及方劉

者當是定本惜康吳兩本均以多為貴不知抉擇也士大夫欲作

古文當自出手眼為周秦漢魏為韓為歐為三蘇為半山則不過

亦宜博放三唐兩宋間求其理解然後以本於諸子之經說史論參之

無徒博古文之虛名恃姚選爲祕本稗販偷竊以水濟水流於空滑無味之文也

初三日雪

袁爽秋代張樵野作合肥壽序用阮文達

聖壽宗經說之體全用緯書組織樵野不敢書袁甚憤自以活字板刷送合肥並儀徵所用皆

欽定經說所以精切合肥亦嘗攷定緯書其說近於泛填且魏晉間勸進之文頗以讖緯並引似非臣下所宜用張不書從之亦未可非也

伯之爲言白也明白於德也　春秋元命苞　王制疏　說郛

至公賢者也明不能與聖人分職常戰栗恐懼故舍於樹下而聽斷
焉勞身苦體焉乃與聖人齊是周南無美而召南有之 崇勸學 儆初學
見御覽
紫宮之垣上將建威武次將正左右貴相理文緒 史記索隱 立三台以為三
少 公羊疏 左角理物以起右角將率而動故曰左角理右角將
此類似尚可引其他若樵人四佐黃帝七輔之屬不免陳因且凡將相均
可用癡秋以文未免求新轉腐矣
大氐壽序斷不可入集今以壽序論始震川家集中均有之實則
此非雅言也轉不如存公牘文字尚是考證時事應璩信劉尚能

涵蓄性情閱為文正亦不以壽序為然所作全不存稿稿所存乃

黎庶昌筆所錄耳

初四日晴

曹蕃臣來

坦齋通編宋邢凱撰其論荊公曰荊公素有德行劉元城稱之平生不屈故自奇特程伊川重之及觀陳瓘尊堯集則安石自聖造為神考聖語鄙薄君上如曰朕仰慕卿道德如曰以朕比文王恐為天下後世所笑既無尊卑之分他所足尚呂誨彈章云大姦似忠大詐似信老泉作論云不近人情鮮不為大姦慝是時新法未

戚行新学未甚廣而切切言之又韓魏公見其答楊忱一書知其只為一身優於獨林非宰相器可謂有先見之明矣余棠那氏時論亦近於苛荊公日錄必不敢妄造神宗之語如所摘兩言正是神宗求賢若渴聖不自聖德量亦未至失節畏之分呂蘇論以為爲邪正明道遂所謂吾黨激成者宋之紀綱屢弛改教寬寬政本不足以自強荊公之意在振作而更張無漸君子固於舊習以人視為捷逕於是攻擊不能遂為一宰不可被之篤荊公本意已失特急急為得位不回不執拗到底耳至答楊忱一書具在集中正是泛泛之語何從窺其底蘊彼所攻者乃彼

文正學問非欲致其經濟荊公即天下才亦不能執一而定之人而高之談經天緯地之事業也此高涯席閎諸以為介甫荊舒魏公固一不根之謗不足為據要之神宗志在有為見老成所言大氐持重仍舊不免迂於迂闊故果用一素有名望之介甫意欲藉以富強安特上實屢悵荊公所言亦娓娓足以動聽其後在位日久漸漸驕滿則荊公之術漸漸遂不能牢籠固結是以終於去位由後而論陳留事而小人進由前而論亦正人與一荊公爭而小人進退亦輩輩蜂紛紛初不關荊公事特借荊公為嚆矢也

初五日陰

是日合肥七十　賜壽賓客如雲余以郡軌不預戲筵獨坐一卷靜
穆之至復樂山孝達各一書
陳後山談叢云李公麟曰吳畫學於張而過之蓋張守法度而
吳有英氣也眉山公謂孫知微之畫工匠手耳余謂豈獨畫然
凡學皆然徒拘拘法度而無英氣以運之皆工匠手也然徒恃英
氣而不以法度爲範圍則亦不羈之馬終必僨轅矣以此語悟
爲文爲詩爲書之道並可悟處事之道法度經也英氣權也
法度公也英氣獨也法度迹也英氣神也法度古也英氣我也凡事
無我則呆矣

初六日晴

午刻合肥少子蕢吾以疫疾殤（名經進年十四）殊堪惋惜晚范肖堂來談蕢吾乃其弟子與論中殤喪服

初七日晴

蕢吾殯于郊余往視之甚爲慘惻廬眾甫米李子木亦至晚至合肥齋中雜談良久

蔡絛作鐵圍山叢談尊紹聖而薄元祐絛爲京子未必不存曲筆朱服雖依附舒亶呂惠卿尚非死黨既與東坡游貶官其子著書之說何妨存而祖之說甚或肆口元祐未始非漁樵之公辨鑒之

督乃於舒呂極力推當而於二蘇睚眥不滿於坡頗何損毫末後
爲其文章筆之雄耳萍洲可談真不幸而存者矣坡公以頭間生
瘍帽中裹則謂其不欲青衣以外物介胸中不知其在講筵亦以道服襯
野衣也以朝雲之死爲食蛇羹哇之病數月竟死此亦何損於坡亦何
損於野史耶　其云先公在元祐背馳與二蘇轍在不相好知廬州以講
三經義爲轍門人吳儔所論降知壽州服之初降以講經義由降以
與東坡游詢其文字之累或必引而入於呂黨之謀不解是何心字曰
無感實則大惑耳　至云元祐垂簾政由帷薄則直是喪心病狂矣
又以孟后之孟家蟬原禪嬋聲同伏履之兆坡公之蘇公隄爲隄依音

同為官賊亦高之兆豈非小兒囈語乎

初八日晴

得高陽師書

黃朝英靖康緗素雜記章文公詩云鏤管喜傳吟處筆白波催卷醉時盃讀此詩不曉白波事及觀資暇集云飲酒之卷白波蓋起于東漢既禽白波賊戮之如卷席然故酒席倣之以快人情氣也疑其不然余恐其不然蓋白者罰爵之名飲有不盡者則以此爵罰之故班固敘傳云諸侯中皆引滿舉白吳都賦云飛觴舉白注大白杯名又魏文侯與大夫飲酒令曰不釂者浮以大白于是公乘不仁舉

白浮君所謂卷白波者蓋卷酒上之白波耳言其飲酒之快也故當文公以白波爲鏤簷謎有謂焉余擬卷白波當以資暇集爲據

古人作詩斷句輒入他意最爲警策如老杜云雞蟲得失無了時注目寒江倚山閣是也黃魯直作水仙花詩亦用此云坐對真成被花惱出門一笑大江橫至陳無己云李杜齊名吾豈敢晚風無樹不鳴蟬則直不類矣余謂山谷學杜已粗其病在大江橫三字欲以江映帶水仙而大字橫字則有粗獷氣非水仙真趣水師矣陳更由黃出所謂一解不如一解山谷論書云看帖勝摹帖如臨類則真趣摹帖耳 前為步里客談

初九日大雪

復高陽書　連日讀合肥胡說遺聞

國朝諸儒研求許書可云精博然段氏之擅改武斷究不可訓是以鈕樹玉徐承慶糾正隨之姚之聲系嚴爲挂漏不可解余頗思以朱駿聲之說文通訓定聲改爲聲系而盡汰其支離傅會之說較姚之聲系轉詳其說錢氏溉亭嘗言之其與王無言書云僕少好說文解字一書暇輒觀之遂能漸悟其旨嘗以爲文字之作雖判爲六書求其要領實不越形聲而已建首之文形之本也亦聲之本也有形即有聲要在聲形相切文字日繁而其條理要自雜而不越許氏分部主

形而不主聲一部之中衆聲雜奏形之疑似分别甚明而聲無統紀故其書有以聲為形如句劦諸部者則義自亂其例矣夫文字惟宜以聲為主聲同則其性情旨趣殆無不同若夫形特加于其旁以識其為某事某物而已固不當以之為主也然儀豈好為是異說哉蓋亦嘗反諸制文之理矣文者所以飾聲也聲者所以達意也聲在形之先意在聲之先以童子時誦習者證之如政者正也仁者人也誼者宜也非孔子之言乎今年春取許氏之書離析合并重立部首系之以聲而采經傳訓詁及九流百氏之說以證焉凡三閱月草創甫竟數十年之後庶幾其有成矣惜其書二十卷未能刊行朱氏

定聲題即本之与錢說略同特其於六十四卦中擇數卦名以為部似乎標新立異實則不知妄作愈形其陋且許書以形錢書以聲兩說本相濟為用不可偏廢朱乃創為轉注之說直以許之假借當之而別以經典那用之字為假借真於六書之理茫然可謂治絲而棼者矣一概此類似皆可汰而去之与字彙正字通之惡劣相去幾何哉許敘曰建類一首同意相受考老是也曹仁虎轉注古義攷曰唐人之誤惟左回右轉之說學者易知其非今就說文老考論之考字与老同義則論轉注者自不能離乎聲意考字從丂得聲則論轉注者自不能離乎聲故轉注近乎會意而与會意不同轉注近乎諧聲而与

諧聲不同也噫後人以轉注與會意諧聲混而為毫釐之差繆以千
里而朱乃以許之所為假借它為轉注豈非指鹿為馬以白為黑者乎
王菉友說文釋例云轉注者一義而數字叚借者一字而數義實
轉注叚借兩門分屬孳乳之語也然王又引伸其說謂以假說叚猶
以槃說般段氏之說即以轉注而兼明叚借此則不然如夌或以陵代之
般或以槃代之此皆展轉傳寫之誤本非叚借何關轉注且以假說
叚以槃說般即是考老之例亦與假借無涉也桂氏馥直云老訓考考
訓老爾雅釋詁有多至四十字共一義者其轉注之法歟斯言也足以
正朱之謬矣

初十日晴

山谷跋東坡水陸贊曰或云東坡作戈多成病筆又腕著而筆臥故左秀而右枯殊不知西施捧心而顰其病處乃自成妍東坡喜諸葛筆而山谷書吳無至筆云學書人喜用宣城諸葛筆著臂就案倚筆成字故吳君筆亦少喜之者使學書人試提筆去案數寸書當左右如意而欲肥瘠曲直皆無憾然則諸葛筆敗矣以此兩跋互勘似山谷於東坡書微有不滿故其致巧張戴熙書卷尾云凡學書欲先學用筆用筆之法欲雙鉤回腕掌虛指實以無名指倚筆則有力其言如此似山谷之書

必捉筆而非卧筆矣而陳後山談叢云蘇黃兩公皆善書皆不能懸腕逸少非好鵝效其宛頸亦正謂懸手轉腕而蘇公論書以手抵案使腕不動為法此其異也按此則山谷用筆亦與坡公同不懸手何自匿其短耶余初學山谷用懸腕作腕甚其書從不工遂以跛法肆之無以為憾閱後山談叢竊幸暗合涪翁矣

山谷於書兼取荊公姑溪居士集有山谷書摩詰詩跋魯直此字自云比他所作為勝蓋嘗自贊以為得王荊公筆法自是行筆既亦放自為成特之語至荊公飄逸縱橫略無凝滯脫去前人法律而此能傳世恐魯直亦易到也端叔似謂黃書遜於荊公此世知談皆書

荊公書具單見傳本矣

十一日晴。

雪履齋筆記張俊有愛姬乃浙妓張穠頗涉書史柘皋之役俊發書屬以家事穠引霍去病趙雲事以堅其心俊以其書繳奏上親書獎諭張穠皆中興名將皆有奇女子皆出微賤宜書矣余謂此等書札定是了成幕客代為之宋南渡以後諸將悍鄙以上閱至其政法不綱之一端不足奇也

咸淳石屋題名三年九月二十八日賈似道領客來元喜史有之廖瑩中黃公紹王庭來游子德生諸孫蕃世侍按賈之諸孫

日蕃世而分宜于日世蕃奸佞命名若合符節亦可恠也

向氏圖畫記翰林張擇端畫西城郭舟車人物其所作清明上河圖西湖爭標圖俱服中入內府並選入神品上河圖乃真贗紛如而爭標圖世不知之亦遂無摹本矣

三朝北盟會編韓世清敗劉忠於蘄州得一婦人自稱柔福帝姬以名環環業四歲問是錄事太后歸言柔福已死遂下之獄誅之謂此乃僞稱帝姬也安知非帝恐柔福知其事全之隱殺之以滅之乎

十二日晴

仲韡來夜談

十三日晴

過晦若少坐

漢書極為謹嚴獨孝哀紀敘其外寵董賢又病痿猥褻參差余既斷為謗史矣因考南史宋後廢帝陳太妃傳稱始有寵一年衰歇以賜李道兒尋又迎還生廢帝先是人間言明帝不男故皆呼廢帝為李氏子順陳太妃傳明帝素肥晚年廢疾不能內御諸弟姬人有懷孕者輒取其母入宮及生男皆殺其母而與六宮所愛者養之順帝桂陽王休範子也以陳昭華為母按明帝凡十二男

不應皆出諸弟遺種以蓋蕭氏篡竊後污衊之詞如惠帝諸美人子絳侯曲逆合謀皆以為呂氏子桓溫廢海西公則誣以在藩夙有痿疾嬖人相龍計好朱靈寶等參侍內寢而二美人田氏孟氏生三男長欲封樹其後海西乃終日酣嬉耽于內寵生子不育以保天年夫有子者且可誣以痿何況無子似此構造謗言真不沈在汙者矣桓氏終於夷滅故史尚明其偽若孝惠諸子及孝哀之不能為人宋孝明之不能內御幾於鑄案無復以為曲逆之合謀班固之肆謗蕭齊之杜絕原諒者矣然多子不敢賢比為仔屬虞受酖屠轉不如無子之為愈也擇賢纘緒宋仁宗高宗可法也

十四日晴
仲彭來談
韻府羣玉一書爲佩文韻府所本故四庫收之標題曰晚學陰時夫勁
弦輯新吳陰中夫復春注提要云黃虞稷千頃堂書目云陰幼遇一
作陰時遇字時夫奉新人數世同居登宋寶祐九經科入元不仕其兄
中夫名幼達據此則時夫乃幼遇之字而中夫乃時夫之兄與世所傳不
同當必有據余案此黃氏誤也此本前列大德丁未前進士竹埜僊
翁八十四歲書于聚德樓一序次陰復春序曰延祐改元甲寅秋鄉試
後五日幼達書次陰勁弦序曰敬遵先子凡例時遇謹白朗是竹埜

翁為宋寶祐九經科入元不仕而其子相与輯此書於埜敘曰見季子棐九萬箋則書為弟輯可知時夫乃時遇而字勁弦中夫一字幼達一字復春如謂寶祐登科為時夫則宋寶祐凡六年以第六年戊午計之至大德丁未已五十年其父八十四歲在寶祐則三十四歲時夫即早生十六七即登科矣豈其書乃荒陋如此更至延祐改元為第七年時夫兄弟亦六十許矣身為畸人乃孜孜為此重沓摘鎰之瑣事亦非人情蓋儀翁以二千餘登九經科入元不仕而二子復應元科舉故輯九萬箋劏新標異為此一編目於鄉試之期刊而行之藉以取名黃氏誤合父子為一段有此誤據要所見乃延祐本非大德本亦小誤也

十五日晴

盧栗甫來辭回山東

余評義山詩增以刺鄭顥之説頗自覺其精當已詳放墨諸書眉矣更有未盡者如又效江南曲云莫以採菱唱欲羨秦臺簫意尤分明顯淺無題云東家老女嫁不售白日當天三月半溧陽公主年十四清明暖後同牆看老女自喻公主以刺戚畹蝶詩云重傳秦臺粉輕塗漢殿金銀河吹笙云不須浪作緱山意湘瑟秦簫自有情喻己以宗室流落令狐鄭以戚黨翺翔無題二首一七律云身無綵鳳雙飛翼心有靈犀一點通一七絶云豈知一夜秦樓客偷看吳王苑內花亦言己雖疏遠而一心事主彼能貴近而藉勢

于權奉樓雙鳳互相發明碼盂亭乃謂次首乃竊窺王茂元姬人太傷輕
薄何其目光如豆乎不獨此也錦瑟一首亦是目論碑目唐安公主而作亦況
令狐為鄭顥以公主之勢排陷異己扶植私人而已在擯斥之列耳要之
宣宗一朝專任元和子孫固有成見而倚任令狐實同於鄭氏姻婭之故
寵愛鄭顥實因公主下降之故新舊書館言之不詳其迹自不能掩
而讀史者略之甚至注義山之詩亦從略之於是無題各篇沈薶頓挫
之恨千古莫喻強以解人則以為刺入道公主而作求之史既于情事不合
且公主入道即間有放浪亦于國事何涉而煩義山為之揚拓播諸談及中
冓乎惟其目擊權奸戚黨蔽日滔天為國為身情難自已故不覺反

復長言論於香草美人之旨而注家轉以盜贓誣及之人執以吹求勢

且以觸發為居予之有遺行矣不亦哀哉

十六日大風揚沙

是日開館邀贊臣來陪仲璋余嗽疾未癒悶甚

十七日風稍止猶寒栗異常

雲楣來所刊管子地員放證請字甚多為之復校更正以見畀

不循學規撻之

十八日晴

韓芰舟孝廉來話

桂未谷晚學集稿有書魏志呂布傳後一篇布請於曹公曰明公將步
令布將騎則天下不足定也太祖有疑色劉備進曰明公不見布之事丁
建陽及董太師乎於是縊殺布後人謂先主恐曹公得布難制
故殺布以除其患先生之高智也馥以為不然人之反覆有如布
者乎布能甘心為禽虜伏首以聽曹公之驅策乎不能則鬨隙生
鬨隙生則布以不自安當此時使客說布其言易入則董卓之事
無難再見矣是先主活布適所以殺曹不略之圖而畏其得布
難制魏將勇如布者豈能盡殺乎馥按謂先主計短也余按未
谷之言未揆時勢布敗於濮陽東奔先主結為兄弟先主之有恩於布

大笑及与袁術相持布即乘虛襲取下邳狼子野心呼豈能以恩結情感
者操之權術百倍於卓使得布而使智能之士羈策用之足以張布之長
並足以制布之詐布焉肯反而復轉爲先主用是布得生益在曹而害在劉
勸曹殺布乃自除切膚之災非爲曹計也先主由許復出仍據下邳使
魏武既赦呂布或即留布守徐或与先主均整還許而邀擊袁術之役
即以布与先主並將則先主且不能再至下邳縱至後爲曹公挫敗亦能以
徐爲基而先主初念未嘗不望以徐魏武既殺布而使先主同還而以
徐授車胄其陰謀過人即非先主言亦必殺布明矣何至先主計短耶

十九日晴

得吳蘭石書論壽文事復高陽一篇索孝達所作合肥壽序

復之

災異之說推求過密往往舛誤而儒者不廢其說藉以警動人君蓋君之分位至尊惟敬天足以動之王荊公創為天變不足畏人言不足恤之說後世非之而史遷乃亦有此論如書志篇曰吉凶遞代如盈縮積讚乃闕諸天道不以繫諸人事何其悍然不顧也近西法流行動以天道與人事全不相涉為詞余未敢以為是使文王箕子為愚人則多畏則易範之理何嘗不兼數學不獨以此而慢天之念一生水旱災祲視為適然之故未有不危亡者後之君子幸察余言

二十日晴

得都中書晦若來小坐

宣紀貶李朱崖制方處鈞衡曾無嫌避委國史於愛婿之手假宏

寵秘文於弱子之身衛公婿不知何人袖之晦若亦不知武紀宰相監

修國史李紳兵部郎中史館修撰判館事鄭亞進重修憲宗

實錄四十卷頒賜有差亞乃李習之之婿與衛公無涉頃閱唐語林

云路相隨幼孫其母關洩識洩父者曰不識曰此洩面隨拜絕久之終身不

照鏡李衛公墓誌蓋紀為親家以女適路氏則衛公之婿路祖之子

也而路隋傳不載其子世系表亦遺之知唐事遺略多矣

劉三復衛公辟為賓佐時杭州有蕭協律者悅善畫竹家酷貧白樂天嘗敘曰悅之竹舉世無倫頗自秘重有終歲求其一竿一枝不可得者又遺之歎曰餘杭邑客多羈貧其中甚者蕭與殷天寒身上猶衣葛日高甑中未掃塵悅年老多病有一女未適他日病且亟謂其女曰吾聞長史劉從事非有通家之舊復無舉薦之力欵自原溷眾為賢侯幕府必有足觀者今知未昏吾雖未識當以書託汝汝以所其書數日未決會之夜夢有黃衣使致篔簹一束於其門賣於衛公公曰篔簹蕭也此圖定矣矣以遂成昏亦見語林

此極佳話話以子鄭箋

苟相再云者耦的不再界曰萬紀來有如如玉萬如必有容色再知其討釋

本條故重其選也

二十一日晴

困學紀聞八行一不義殺一不辜而得天下皆不為也諸葛武侯謂漢賊不兩立其義正矣劉璋之取而謂正乎揆以迂論也昭烈不取璋必為曹氏所取取璋及從合權要所謂之非正吾以為昭烈最失之計莫甚於不取荊州劉琮代表遣使降操先主屯樊不知曹公卒至之窘乃聞之遂時其眾去過襄陽諸葛公說先主攻琮荊州可有先主曰吾不忍也此所謂小不忍而亂大謀者夫琮已降操此取操之荊州非取表之荊州何不忍之有說者謂曹公師已追境昭烈之意恐取荊州亦不能有故陽為不忍實則力有所不及審如是則諸葛為失言乎觀曹公恐昭烈據江

陵輕軍到襄陽聞先主已過精騎急追實有望外之喜昭烈與其以輜重徐行日止十餘里何如急攻襄陽抗守以拒曹操然後使關侯之師來會經吳拒曹赤壁之功未必不在襄陽取之於琮曹不能爭孫亦不敢爭今此不圖藉吳力以敗曹於是暫借荊州遂生吳蜀爭荊之釁殆天先主之舍襄陽而趨江陵曰以人為本身當陽一敗人衆全為曹所獲人於何有即為人衆計亦宜順人心以據襄陽明甚然則何以愎諫若此曰畏曹也其時諸葛之謀未著而阿瞞之用兵如神乃昭烈所震驚者故不覺其發亂至此及自結孫權從武侯之策則合此計無以之耳備豈英雄哉夫之瑾由之輝何王氏猶以不正為疑耶

二十二日晴

巽之辭回都

二十三日晴

武億授堂文鈔史記荀卿列傳云翟或曰並孔子時或曰在其後索隱按別錄云墨子書有文子文子子夏之弟子問于墨子如此則墨子者在七十子後也案外傳楚語惠王以梁與魯陽文子注文子平王之孫司馬子期子魯陽公也惠王十年為魯哀公十六年孔子方卒又翟本書貴義篇子墨子南游于楚見楚獻惠王楚世家無此名是獻惠即惠王誤衍一獻字畢獻之明衍字孝異文耳署

是則翟實當惠王時孔子未卒故太史公一云並孔子時說非無據自班
志專謂在孔子後之人益務推衍畢氏據本書稱中山諸國亡乎
燕代胡貉之國以中山之滅在趙惠文王四年當周赧王二十年則
翟實六國時人至周末猶存寧獨以翟既與楚惠王同時必不能歷
一百九十餘年尚未即化且國不必中山諸國之亡蓋墨子之徒續記
而竄入其師之說以貽後謬何可依也據畢氏墨子最為隨簡得
汪容甫兩序及後篇足以糾正其鉅失特容甫為人猶執措詞閒有
過當處轉以崇墨之詆儒閩王樹枏有墨子注當求之如未的思
詳考周秦諸子以論墨子之學訓詁特其末節耳

二十四日晴

作伯潛書未封又得其十二月十二日書並復之晚復樂山書

竹垞詩近有翻刻本原刻二十三卷青宮再建五律一首後已刊去翻本則有之其詩曰眾震驚由地奮興命自天甲復觀重光日再煩四老人堂懸銀牓舊筍出紵衣新愧遠青雲路難搞蹈舞塵然原本即事之後青宮再建之前尚有某重過草堂話舊二律刊本雖去其名尚存其詩翻刻本直刪之似亦未見原刻矣孫注無此三首楊注有再過草堂二律而亦刪其名蓋雖已明其人也然前一卷詠白杜鵑花應愿東宮教未刪此竹垞後人畏禍刊改之未盡耳當日嘗稱

甚熾亦可略見一斑矣擬求原刻本校之 原刻已寫本館存二律兩刻 其題亦不可解

龍眠山下白鷗沙謝傳園林迹也賒興發詩題 千丈鎮人傳画

散滿川花白鹽赤米前朝寺僧帽巾儒衣到處家才子趙庭爵

著作清明借隱最堪誇 羅雀門閑地自多抽帆且檥鴨闌東

當塗書畫稱中散左海經傳鄭小同兩過磯頭茶棚外月明歌

板橋亭中客游到處休都縣難道新詩不樂窮

題曰集泊舟待鴨灘重過草堂諸舊以二詩見投賦答而和過草

堂之詩頗答如何全集無之疑特塊已自刪之矣而臨花同閱定

為戴名世閱南山集近有刊本當一核之 南山集正本有青霞再建詩而無此首為獺刻本

因並刊行院此卷竟
走一劄再別耳

二十五日晴

芝舟又至遞公呈請再同學行宣付史館

蘭駢館易一聯乃吳學士清鵬所書文曰日月華窗拔术序清泉一瓢

援芝園合肥詢术序所出余曰此皮襲美詩也記錦略改此二字宗詳

云初不知术序所出後讀道藏仙經有載紫微夫人撰术序其略曰

吾察草木之勝負益於己者不及术之多驗乎所以長生久視者遠

而更豐非謂諸物賊于术也以术之用今之所要味世多之缺宜常服

餌之撰术數方以傳好尚者服术之法也列仙傳載涓子餌术陳子

星餌朮南陽文氏食朮梁庾肩吾亦有謝陶貞白賚朮並啓褒美詩家好用朮如多攜白朮鍾愛覓清泉缸倚杉間杞易燒朮靜論元日在靜敲藥朮火清泉閒洗種花泥度日竹書千萬字經冬朮並兩三缸皆言朮也余按唐人多好用朮入詩王績云龕蛇采二蒼亦白李雙朮張九齡云書之而重陳疎采蒔芝朮李白云庭寒老芝朮孟郊云飯朮者松柏生山男雲霞李綱云帶土移山薊朮和泉煮尹魚柳子厚更有種朮一篇類書均未采摭也陸士衡招隱詩亦云嘉卉獻時服靈朮進朝飡朮之為用視蓯蒼為平和故服食家尚之但近日於潛已無佳朮矣

二十六日晴

余自安圖出都兩年不入帝城焉陽霸州兩師累書約之誼不可郤非所願也巳初攜之傑陸行未正飯楊村六十里日暮蔡村宿廿五里

中州集載王田詩人二人王寂拙軒集今已由大典輯出而盧待制元詩僅錄一首閒詠云天近蒼龍闕居連白鳳堂松聲得鄰舍山色出宮牆巷陋輪蹄少庭閒日月長九衢紅霧裏亦有白雲鄉格律頗老案傳元字子達父亞臣字卿林節進士仕宦亦達目錄漫水先生初趙逵元叔劉師魯葛藤韻云亂兔生長角

鑪湯緒厚氷來終成彷彿髮不擬真僧莫認指為月須明火惡
燈枯花微矣盧氏記老胡曾子達幼而敏惠年未二十試于長
安為策論魁擢第後又中策魁明昌初章廟設宏詞科命公
卿舉所知子達與鄭徽周詢張復亨就試凡七日章中選遂入翰
苑累遷至待制子兄長庸弟曾名進士又俱擢高第時人以藍山
竇氏比之屏山故人所傳云亦子安字希謝翊字仲升仲升亦未登
科盧氏世有詩名累葉科第而州志遺之殊可惋也

二十七日晴

蒸邨曉發行二十二里至安平午飯黃沙嶺天勉進十八里至馬

頭左耳忽大痛徹夜不寐寒熱交作夜半耳中流膿血甚多並耳輪外並不壅也

二十八日晴

由馬頭折回宿楊村耳痛如前作書半怡論允言使者高陽霸州兩師

廿九日晴

耳劇回署延洋醫用診視耳尚濕濕也合肥疑余過肥體虛而洋人力辭為戴賞推安睡睡

記朱竹垞有耳疾示王周二上舍詩曰我齒未六十恆苦兩耳充患以臣三

年入秋擾內訌始焉輪湍湍既乃氣爐爐沫下髮關牛門前尖吠獄有如兩豆塞難使五蘊攻固之日靜坐物理究初終是非昧雖閑襄眩將安窮屬垣藏月若寒寒之無何功讒柄反白黑從道清汙隆君子天地眩小人地天通世事付一瞶薄我以太沖免帽喪匕雷兔驚擷鷄風人嫉我則逸美疾疾一我形云云頤欲和其韻而裁字竹垞垞之峯強且體瘢頭睥且佚佚之病瘧後也果耳爲之候藏以爲肝藏以爲腎根蒂耳則必先流汁余病殆以將聾聾已澌放然耳庶究無礙於事方今時艱世態正以塞耳不聞爲妙屬圍論之倘以聾病見示爲議君知宛矣

二月初一日晴

余少日不好漁洋詩廿餘年來久不挂眼去年仲潛以余詩詞太直意太盡見規適得帶經全集因復披覽一過終覺塗澤多而無所為真神韻古五絕太弱太呆尤所不喜者竊以園葳二見紕繆一二以待他日君子論定遍觀音編五言結句云鏡戒鄭關誤敵彼小海唱晉書隱逸傳夏統曰伍子胥諫吳王言不納用見戮投海國人痛其忠烈為作小海唱觀音編本名關王編賈漢復改名有宋荔裳棧道平歌題蹺此何能以子胥事相擬而借之比東通蒲身直謂之陳句可耳河間從山公乞瀉酒詩第二聯朔風初

過毛萇里西日難遲庚亮塵用毛公切河開庾亮塵句借用塵字究嫌湊韻贛州謁王文成祠萬吉許孫同廟食一時張桂太傾危桂嘗謂公事不師古言不稱師張與文成何涉若以大禮為言則文成亦以為然者即出附會並大禮與文成又何涉乎此則湊字而已又有送袁士旦之玉田詩云水出彈筝峽春漾種玉田業玉田無彈筝峽徧攷水經注及歷代地志以及畿輔通志方輿紀要亦無彈筝筝峽之水不知所本注家以為平山水配彈琴峽為證則尤誤要之以彈筝峽對種玉田絕是牽強

初六日晴

起甚晏耳疾未瘉頗悒悒之至

初三日晴

得粵督電馬丕瑤內艱張聯桂護撫安圃兼署藩司

高陽師專足送書問疾命抄胥作一篇復之閨人喉痛擾擾竟日

左耳似有聾意

初四日陰晨小雨旋霧

得允言書言杜夫人病又亟作數行復之甚繫也

初五日陰

載之月朔到滬作書復之

初六日晴

檢點積卷欲有所作終日心緒棼如不能數字輒檢卷欲起洋醫云當理胃中醫云有脾溼竟不知病在何經也

晚得都電邊外姑於夫人巳於今日寅刻去世得年六十四殊堪悲惻作電復之

初七日晴夜雪

夜至晦若處閒話

初八日雪霽有風　雲楣辭行力疾彊起見之

初九日晴

寄都中書是日高陽亦有書左耳汁漸止微有聾意

初十日晴

復高陽書手作兩節甚累晦若來知其弟洪若以家事辭

栗山來談次頗煩懣也

十一日風寒甚

十二日雪

十三日陰

十四日大雪風大甚寒

十五日大風甚寒

仲彭入都晚過晦若略話得樂山書買王氏書畫苑貸園叢

書徐氏喻林

十六日晴

陳仲勉叔毅自關來得伯潛書

十七日晴

答二陳不值淵若自熱河來聽誦良久得瀾師復書

十八日晴

午後仲勉來話

十九日雪

春寒甚厲醉睡而已身疾若失得黃秦生書

二十日晴

過晦若澗若少談

二十一日晴

得高陽書連日頗閱晉史間有所得懶於劄記隨即忘之並亦讀書一適也

二十二日晴

仲韓赴禮闈延涇縣譚生吳脩甫元瑞代座

晉書王導傳桓彝初過江見朝廷微弱謂周顗曰我以中州多故來

此欲求全活而寡弱如此將何以濟憂懼不樂往見導極談世事還謂顗曰向見管夷吾無復憂矣溫嶠傳于時江左草創綱維未舉嶠殊以為憂及見王導共談歡然曰江左自有管夷吾吾復何慮兩說皆因導為元帝委任朝野歸為仲父因而附會名流之說以為茂宏之重寶則閑士行有言蘇武節當不如是導尚不足為子卿作奴僕況夷吾乎史不刪併而兩載之尤為複沓

二十三日晴

督兒輩課文沈丹曾自閩來宗子戴自浙來

二十四日晴

得八八弟書

二十五日晴

聞河冰已解，此心翩翩然，遂定入都之計，鞠耦亦知余懷，譬勸所見相同，因令借舟東裝

二十六日晴

得安姪書，並寄安邊桂兩塊、樣羅桂兩小塊、乳汁桂一塊，專治利痰皆

上甲亦迎，中初登舟，求詩來談，夜泊北倉，行三十里

夜不成寐，聞賦雁偶成一律：曾盡江湖險，翻忘塞外寒。稻粱誠足念，矰繳恐無端。我亦倦游者，悲歌行路難。長風思借翮，何處水雲

寬展轉反側，至四鼓始得睡。津航中夜來。

二十七日 晴

黎明，同津航乘順風挂舟早發，辰正已過楊村矣。巳初始熄送，傍午風逆，黃沙蔽天，過蔡村後，輪舟目迷不能行，泊兩時許，風略定，始解維至傅莊，輪舟閣淺而止，適得一測河礮艇，留之同泊，荒岸距河西務尚三十里也。傅莊一名王家務。是日行一百二十里。

口占四絕：

今年占閏苦春遲，節到同分水不澌。終是楫師能載物，冰消畢竟不多時。

下水輕便上水難，半程篙槳似危灘。世情最是逆風神慣，偏卷狂沙助逆湍。

數家臨水自成邨，叉得鮮魚網曬門。閒客嘗嘗

竟何事草采新甕坐開尊　夜半荒鷄喔喔中閒踪今日宿河西

如何枕上聞嚴鼓猶激風雲夢瘴谿

二十八日晴

旁風行一百里宿香河日方落即停舟余嫌其惰遂以夜發微明已至馬頭夜

適順風也

二十九日陰

順風酉正抵通州楊藕舫來夜話

三月初一日晴

晨起由通州東行午刻到都寓綠藤會館諸從孫均來申刻至南窖

高陽邀晚飯至二更始返

初二日晴

至龍泉寺弔邊師母遇潤師留午飯飯後略談即返許鶴巢来

談廠肆書画佳者皆至矣

初三日晴

遣朱存縣午後至南苑王翼北張叔憲拘來叔憲病後頗有老

態高陽来答並約晚飯夜至鑪匠胡同二更回錄滕盦拾各家

所送書目可取者寥寥也

初四日陰黄霾蔽日

澗師招談于次棠坐中十年不見綬以詢侃履籍次棠忠勁之氣不衰
而論入漸入和懿之韜光養晦之故也午後仲彭來寓小談

初五日陰有風

晤許香如光棠鶴如棠之子晚高怫來召余不能飲枯坐而已

初六日晴

過澗師次棠在坐談馬江事竟日始返廉生來至夜分蘭城之閣妹
去訪㑺庚辰辛巳在廣雅夜談光景已十年矣

初七日晴

至常宅渠秋髮葉亦擬覺羅氏郎中奎煥之女已生子矣名毓焯小名

辛光張夫人留飲王雪舫館中略話即歸途遇廉生還鄉祠
買宅季怡亭書送為田津計曉廉生還一搨姓送書來搨頤
長存目錄之寫本廿頁字濃周王永寶龍蠧蒐數種

初八日晴

約仲彭同赴卡前書箱自料理完固請書四篋亦是豪也高陽
餞余目言盛饌散客多年師生須臾略形骸並出大滌不答答
種精品助醉酣後談興而高陽年邁易倦余亦病後頗疲遂話
至日眞長揖遊別過南宅略話夜詣瀏師二鼓始回尚有送
書人在廠復得士禮居殘刻一二種德寶始知余入都買琴一

甚舊

初九日晴

辰刻允裘允變允蕤來送辰正發都明未初到潞河舟中車至通州西門內忽覆手足微傷似戒閑人不宜時入都也酉刻仲彭亦至並延琴師二舟以仙航控之琴師別顧民舟鍰行約明日凌晨言邁夜與仲彭小飲

初十日晴

無風行甚駛亭午已過香河午後逆風泊舟兩時許薄暮始出河西務也夜泊蔡村

十一日晴 驟煖易棉袷

巳刻至署 九弟寄宋三賢集 柳河東穆參軍尹河南 余在都亡得穆集抄本見此可發一笑物罕見珍此之謂矣

十二日晴有風

過晦若小談 仙舫入都以百五十金償書價 斯老以禊帖數種寄由人皆明翻備跋還之 予久令子泰叔之世丞來賤求斷腥叔一卒

十三日晴頗寒

以羊毫十管寄萬陽並復八九兩弟書 戴巴儀自汝攜書畫籍來還之赴滬運 連日料理所購書籍與陔甚往來 晚吳鄴南范肖堂招

載之自滬寄嚴鐵橋全上古及先秦文目錄閱之甚愜意也

王漁洋補謚文簡閱靈巖山人稿作文懿當有據以足備攷謚

注者訂正（名臣傳作文簡此殆弇山誤記）

十四日陰

晦若來談

宋熊方後漢書補表十卷鮑以文所刊經錢竹汀盧召弓校正是

補范書之闕其九卿外藩表百官表非前書之例余頗以爲書本

表百官爲太簡此實文通盡善非可以爲失體也惟好陳壽書

而思爲之補表遂以萬氏歷代史表當取之爲權輿而稍稍徵訂

定焉朱知能樹頌分肆者能識于此洪齮孫有三國職官表

遼金正史綱目青浦楊陸榮采南著向無刊本潘志萬篤盦手

鈔一本復為校正至誤共六冊三十卷鈔以戊寅距今十五年矣不知近

人已為刊行否俟訪之藏書家

十五日晴

遜宥堂答吳執甫也宥堂非以中復堂全集見贈報以忠徽堂

內外集及書志徽晚检輯石道君分集不覺月午

十六日晴

先言目里至大沽頒廷一處留七日以巳午閒至津飯後來署著榮復吉日

山東來

十七日晴夜雨旋大風

覆吉蘇回山東九宮午後亦返都下復伯潛書

余評義山詩既主朱長孺駁馮孟亭矣都下又得程午橋本擬擇其足助予說者錄之如潭州一首謂傷衛公之遠貶以渾河中謂嘆大中討党項之無人讀任彥昇碑以為為令狐子直作皆恰合情事乃益歎孟亭之穿鑿附會謬戾文人為可笑日抄畢

十八日風

寄都中書並還書一簏西河集不全

字滄光曰伯蒼潛光曰仲黯滄別字羲初潛別字確初

俞長城字廟諱世其可儀堂文稿藝海珠塵刊之有留侯論甚佳

其略曰高帝欲廢太子者以列國分爭強臣跋扈惠帝以仁柔羸之懼

天下莫肯臣也於是廢立之議興儌然數不臣之士必不能防而子孫之

帝於是爽然自失留侯之計所以慰帝而非以翻帝太子立趙王必不安

乃求假張不屑之周昌而傳之若曰太子有四皓趙王有周昌以相持而

不知太子不特四皓趙王非周昌所能全帝之似智而實愚也噫惡夫令嫡

庶宗孽之爭皆其君父自詒之高帝本無廢太子之意而呂后疏虞

匿其迹有似于廢立於是呂氏陰結留侯為自固計即留侯亦疑帝之

將廣忠帝也以為此足以亂漢而亟為之謀蓋當日見聞但知呂直戚曲呂祿戚暱而不料呂氏之得權專殺高帝子孫殆盡也高帝雄猜非以詐取群臣乃並以詐取妻子往以正嫡奪宗之道為戚姬母子危禍而更使周昌以速之戚姬母子急之死非呂后殺之實高帝自殺之耳並古今英雄暮年荒亂往往於嫡庶間顛倒錯亂釀成家禍實轍相尋豈獨漢高也哉

十九日晴

晚飯以青蛤下酒陶然醉矣夜閱危林一卷無所得

二十日晴

文美送來文恭集四十卷乃浙江翻聚珍本葉聚珍初刻止四十卷其後復收大典所未輯者釐為五十卷補遺一卷此本尚是四十卷者少文一百餘首以四金留之又得池北偶談一種余向不喜漁洋拈此類今亦收取此亦乃無意遇之信乎書少收例頗寬

池北偶談宋柳開仲塗河東文集十五卷附行狀一卷門人張景所編其文多拗拙石守道極推尊之其過魏東郊詩上擬之皋夔伊呂下擬之遷固王通韓愈殊為不倫東郊野夫傳開所自述與補亡先生傳皆載第二卷文穆修伯長集代州馮秋水方伯如京順治中刻之金陵文拗拙亦與開類詩尤不工唐末宋初風氣如此其視歐蘇真陳涉之啟漢高耳素字晦之遁竄改姓名曰李田所至題曰我非東方朔

木乎也不是牛耕土田也欲識我蹤迹一氣萬物母案作柳集序破題曰一氣萬物之母也見湘山野錄據此則穆集已有馮刻並四庫所收乃鈔本粵刻之宋人集亦據丁雨生所藏抄本蓋馮刻已如星鳳矣

二十一日晴

蒯理卿自鎮籍來雜談得戴之書

閱畢仲游西臺集二十卷聚珍板仲游上蘇學士書稱其知畏于口未畏于文深戒其以文字賈禍以上溫公書稱其欲廢新法而左右皆安石之徒懼其禍之猶在於紹聖章子不審著蔡先

如徙要只歟稱之其青苗議曰管子云農事革而州履少而習
焉其心安焉不見異物而遷焉後世之治民者雖不能盡如管子
之說至于耕田力作而禁之遷移羅役之必稀使至于城郭則近日之
政尚或有之日散青苗農民憧憧往來于州縣食其此言能分
別荊公之學術與管子之治理迥然不同役法議曰非無定法無定心
役錢日臨窮以來大姓兼中民中民兼下戶臨河蘭會議曰今之取而
役棄之棄之利如彼其害如此守之利如此其害如彼非遷延度之所能
盡也有馳至河隴圖上方略者然後可決捐極呼白簡當時才允
祇竟不大用惜哉

二十三日晴

得都中書李怡亭寄來書兩種綴耕錄及頻羅菴集也

山舟題袁簡齋先生隨園雅集圖其第二首云小園庾信江陵宅妙繪王維輞口圖我比陶公歸更早至今松竹尚荒蕪自注先生有三十七致仕章開書歸時三十六也因憶余早有隱居之意使秦時道中患腹疾發於一飯之遺矢適過介山翻然萌去志述之李達以為戲語余正色言之李遽力以為不可還朝以命旋有譯署之寄時越事方棘不敢辭時年亦三十六也卒以同循遂為世網所攖淪謫薪槱有愧前賢遠矣蓋自恨知幾之不早耳

都中書價如一鬨之市有極可咲者舊唐書列入正史既有殿本閣本復有岑氏懼盈齋本捜遺網佚亦已大備論其書目當後来居上聞人本為之高矣殿功自不可没然非如宋元舊本之經史子集後来翻刻或有省改因而貴為祖本者可比也追一貴官忽覓閩人本甚急因之門下諸公亦為購求此書廠市甚少陳價遂至百金余入都時有以樊榭家藏本来售每卷均塗抹如馬知錄上標題價猶八千金旋為一貴官門客取去余辛巳歲以百金得監本全史中附浙刻三國及北本廉生以為此一書足以償矣因歎書之高下無隨貴官為輕重可歎也 晦若有此書贈一師去矣

二十三日晴

寄復戴〻鞣民兩書李少軒同年來肇南由洗馬守鳳陽恭邸寄革

錦帢九十兩卷庚寅辛卯

袁正獻公絜齋集永樂大典所輯聚珍板刊行按要謂屬樊榭采

詩絕事遺之蓋未見斯集也詩一百七十七首真氣流溢頗近目並

如螢房告賊有幸囊共存曰勸功爲詩訓迪有家頗具深意其

上陳舍人五亦有濟時策無因通帝閽公居清切班日討龍顏温嘉

會十一遇論思毋憚煩送黃晴若尚書曰強敵未殄滅嚴旺臣

桐縣廢又建大廈運斧無輸般送樓外翁云古人重世家非爲

世其祿世祿非不朽風流要相續尉職襲親民亦足以所學吾民前安枕微官有餘米因有蘊蓄而不流於有韻補錄有白髭詩云人生惡白髭鑷去恨不速欲留少年容藻飾欺盲俗一首尤淺近透快居然界天矣絜齋有紫仲論可錄者

絜齋有蠟梅一首金相玉質竟同科蠟裹清香萬斛多絕俗風流窮不似洞羞功用竟如何頗有所諷其詠凌霄云便尋從上雲霄去究竟依憑味苦多拒霜云霜隕葉枝紅粉落元來根也累氣剛非不刻意求新而失之直腐無回味矣

二十四日晴

寄八弟書，鶴巢寄閱稿來。

閱敬齋古今黈，李治仁卿，真定欒城人，金末登進士第，辟知鈞州，金亡後家于元氏，世祖屢加禮聘，一歲以學士召就職，期月以老病辭。其出處不能始終一致，良可惜也。其書四庫輯存八卷，論經史子集各有心得，然亦無甚深微者。其論詩主歐陽永叔：作詩少小時頗類李白，中年全學退之，至于暮年則甚似樂天矣。夫李、韓、白之詩，其詞由格律各有體，而歐公詩乃具之，但歲時老少差不同，故其文字亦從而化之耳。以歐公詩為似樂天，此說頗合，顧之惟不似韓，故詩文皆學韓而不逮也。然文不似韓，卻自成一家；詩不似韓，卻不能自成一家，又並世有

王半山蘇眉山兩公亦詆之不幸奴
敬齋於蘇詩用典錯誤處亦頗有指摘並亦無傷坡之全體且可爲
苛蘇者作箴砭其一條云徐凝為廬山瀑布詩云千古長如白練垂
一條界破青山色坡笑之謂之惡詩及坡自題云擘開蒼玉峽飛出
兩白龍爭謂東坡之擘開與徐凝之界破其惡一也此文姝偏徇隨
雜訛云云亦復近讀坡集其游濮山詩擘開翠峽走風雷截破奔崖
作潭洞並則坡之詩雖凡兩度擘開矣殊不知擘開用巨靈事
豈得與徐凝同譏乎又云東坡雪詩欲浮大白追餘賞幸有回風
驚落屑或以為落屑亦體物語或者之言非也蓋用陶侃竹頭木

觜韋耳所見無乃泥滯行放擾家不可與論詩矣又云東坡書韓幹

二馬云赤髯碧眼老鮮卑回策如縈獨善騎按晉書王湛乘其

難濟馬姿容既妙回策如縈善騎者無以過之此善騎之騎自合

作去聲讀之書傳中言善騎射者多矣今押作平聲定誤佩論

業說文騎跨馬也從馬奇聲渠羈切廣韻收入支韻者訓跨馬妥

得以押平韻為誤乎東坡每行役必攜此等未可輕議

十五日晴

踈米條條半月來案頭書籍縱橫今日始稍稍清理欲定課程未果也

年來五十已有老境可歎

閱濟美集鈔本有何義門惠紅豆島日璐改琦收藏圖書又名經濟文集元李士瞻著撰要士瞻字彥聞先世新野人徙居荊門至正初中大都路進士拜翰林院學士承旨封楚國公以至正二十七年卒元史不為立傳惟順紀載樞密副使李士瞻上疏極言時政凡二十事大抵當時急務蓋亦謹直之士也是集其孫伸所編皆於在司稼而迄於奉使閩中故元史所載時政疏不在其中並所載往來簡劄至二十餘通幾居全集之半其拳拳憂國之忱亦不在時政疏下元史於順帝時事最疏略存此一集深足為考證之助正不徒重其文章矣此集曰濟美者後附其子繼本之作

提要稱繼本一山文集九卷此止寥寥八頁亡稱孫仲儀編定殆全集流傳甚少至四庫開時為裕進其足本故此集不足者不必置論矣俟求得西山全集及卷再攷之

中州文表姚牧菴集非足本劉昌云牧菴集五十卷聞松江士人家有刻本南北奔走竟莫能致今刻僅十之二黃梨洲序天一閣書目亦云聞明震亨有牧菴集後求之不得永樂大典從為三十六卷竝年譜所載雖少十之二三然文類所選已多十之五六矣猶悵全集松江士人存之而秘不示人終於散佚藏書家之慳吝視當於財者尤爲可恨耳牧菴集亦宜補元史之闕俟再見人集後多爲料理之

二十六日陰煖復御袷衣薄暮雨

閱簡齋集提要與義之生視元祐諸人稍晚故呂本中江西宗派圖中不列其名然建炎以後北宋詩人凋零殆盡惟與義為文章宿老巋然獨存其詩雖源出豫章而天分絕高工于變化風格遒上思力沉摯能卓然自闢町畦瀛奎律髓以杜甫為一祖以黃庭堅陳師道及與義為三宗雖一家門戶之論然就江西詩派中言之則庭堅之後師道之前實高置一席無愧也研經室外集呈進增廣箋注簡齋詩集三十卷無住詞一卷阮撰提要云簡齋集十六卷四庫全書已著錄此本胡穉箋

作三十卷末詞一卷蓋穉此注時去雜文每卷以釐為二卷首有樓鑰序併穉自序及所編年譜及續添詩箋正誤鑰序稱穉納居立學日進不已隨事標注遂以成編貫穿百家出入釋老云云今觀所注多鉤稽事實能得作者本意絕無攈拾類書不究出典之僻凡集中所與往還諸人亦一一攷其始末因讀與義集者所不屑也案聚珍本第一卷雜文第十六卷詞胡箋去雜文每卷釐為二卷則詩二十八卷其二卷乃續箋也不知詩之首數與此集有增益否院提要駁之疏矣宋詩鈔編年聚珍則分體其七古類中首字疊韻二首義字疊韻次葛湖州後不知所和為何人沉

云集中往還諸人一一攷其姓字與宋史核出所事為何人似於兩宋初宋
推勘也簡齋當南渡時任參知政事不為不達非下吏沈淪者
比乃閱宋傳中趙鼎主用兵主議和與義之著和議成皆云賢
於用兵萬一無成則用兵必不免於君相之間調停兩可初無剴
切深透之論斡旋即引疾然其所蘊蓄亦頗可觀矣文人論事
全無實用而徒於詩中作慷慨激越之音緣為浮聲空響耳
徽宗以畢生精詩賞之高宗復以寢食光陰詩卷裏度花消息兩
齋中之請激賞以至執政又以見其用人之輕以何時而以詩拔人
耶至之劉目論稜村以為簡齋以老杜為師遺貌而忘憂愛深淺

以為穠膝黃陳沈東坡云妙論花高然則色不如香通真則香不如色矣鈔說之尤屬丹書之見臨齋序述與義論詩之旨云學蘇者指黃為雅附黃者指蘇為肆必識蘇黃之所不為然後可以老杜之涯涘並簡齋亦未能自行其言也

二十六日雨 復著棉衣亦間有衣裘者

寄吳誼卿書以百元送陸小湖助其婚費月湖師相期甚切余不能周恤其子愧悚之至誠陸氏一范莊也作九弟一書亦覽百端交集也閱閩中榮題經廬熟史問新舊唐乃知厳市唐書所以增價次茵子之說均謝郝次東之着水道湖方備舉次農書亦皮毛

閱浮溪集提要云藻工于儷語所作代言之文如隆祐太后手書建炎德音諸篇皆明白洞達曲當情事詔命所被無不懷憤激發天下傳誦以比陸贄雖楊萬里誠齋詩話比藻于李綱不叶民作綱罷相制詞至比之驩兜少正卯頗不免為清議所譏然學文章自能雄視一代固未可以一眚掩也儀綸崇藻然為黃潛善所惡其後以為言者所論以為蔡京王黼之客秦檜死始復職不解何故乃與忠定不咸段于清議今全錄其詞以為文人輕于下筆之戒

李綱落職鄂州居住制　朕聞上有虞必去于驩兜欺世盜

名孔子首誅于正卯肆朕纂承之始昧于敬慎之宜相靡有終
刑恭無赦具官某空疏而不学凶愎而寡謀志輕天下而自謂無
人權震於廷而不知有上靡顧國家之大計但營市井之虛名
尊殺尚威偽列聖好生之德信狂妄悖為一時羣小之宗叱再
被于廷登朕顯恢于虛位而果于修怨藉以牽累庇臣姻親玉
擅刑矢設命掊民財力曾罔恤于基圖念存覬覦之思非解
銷衡之任雖居遠方猶植根儻黨謂上曰以拔閫能園门而話
過乃倡家積陰為賊通伊華錯之說常于睦閭而實
駭宜鏃竄龍秩穆賓真偏於昔漢棄市之房冢本彝于不道

唐誅元載忌蓋在于固恢往革の心毋忘事戒
館作葉李心傳繫年要錄建炎元年八月殿中侍御史張浚
論綱擅易詔命竊庇姻親等十餘事上召禮部侍郎蕭
直学士朱勝非草制罷綱為觀文殿大学士提舉杭州洞霄
宮時浚章不下所坐皆宰相黄潜善密傳太正言鄧肅疏
辯綱實無罪不知進詞者何所據而言十月以後論綱罪未
已落綱職十一月浚又論綱素有剛愎無上之心陰懷怏々不平之
氣當寘之嶺海乃命鄂州居住中書舍人孫藻草制云々即以
蕭也蔣蓋憑張浚前後論章進詞視朱勝非之而自密

傳史臣不同故也之雖兜少正卯京房元載自是為清議所
譏宋史列之文苑而曰屬時多事誤令類書更手貽譏之實
惜之也佩綸案淳熙又有秦檜制曰定策而無劉氏素因周勃
之賢矣謨而淵聖所以終類羣陶之智以謬醜為羣陶周勃則
忠定自是驩兜在卯矣雖曰官責代言然亦見其胸無黑白豈
得以此前在經上自解乎

二十八日雨止微陰
忠定入相肘腋間有黃潛善汪伯彥兩小人即無張浚一劾亦不能久
於其位而魏公之劾則專以殺宋齊愈一事齊愈論綱謂民財不可

盡括西北之馬不可得東南之馬又不可用至千兵數郡謂之千歲用千萬緡贊將安出綱罪狀之不應過於范宗尹顏岐也遂齊愈獄起以一縑囊授後曰齊愈不過遠貶耳時羣為我明之此李實勸進張邦昌草稿也時御史王賓未得實聞有文書在後所遂叢薰取之賓密諭會使自辯析而證齊愈齊愈引伏法寺當齊愈謀叛罪該大赦罰銅十斤帝曰使邦昌之事成置我何地乃命殺之援三朝北盟會編所引遺史則曰李擢與齊愈在圍城中皆非能任擢先發制人具齊愈議立邦昌事繳駁之曰新除諫議大夫宋齊愈昨二月初聞同王時雍等在皇城司聚議乞立

邦昌拜大金賜詔畢，書立狀時，銀時雍等恐懼不敢填寫
邦昌姓名，而齊愈奮然執筆，大書張邦昌三字，仍自持其狀
以示四坐，無不驚駭。齊愈自言自從二月在告不出，誕欺若此。
除諫議大夫，士心以為當是陛下未知其人耶，倖而於廷未有人論列
更乞睿裁，遂罷諫議大夫。令御史臺王賓根勘，具案得實，勘得
眾議推舉狀草，齊愈同王時雍筆談改本號，王時雍言語即
是要舉張邦昌，輒自用筆於紙上書寫張邦昌姓名，是時雍
又稱主在寺李會狀云，因似此罪狀明確，即不殺亦宜竄，大猾恩殺
之實，不為失刑，而魏乃以示天下，齊愈相習信其飾詞，更其未篋

徇朋友之私忘宗國之急忘君父之仇而以劾忠定自任夫忠定進退
繫南宋興衰而齊相遷謫實浚一力傾之其死視富平符離尤
重矣忠定於倫命一年攻之甚力浮溪草降祐制亦在國論中者
其必有憾于忠定之攻於屯者也不禁喜溢眉宇踊躍作詞跋之
言今無卓白耳
因涉筆後檢建炎以來繫年要錄閱之據日曆六月癸未齊愈
齊崔根勘乃在李相上三議之前要錄乃採張栻私記耳南軒以
誣善為辨盤浣欺白徽公文飾欺天下後世而不知形迹之不可掩
也呂中大事記云浚之齊愈友請善罕然則極論忠定其為徇私

迎合而知所羈謂魏之於晉之劉琨之初亦為賈謐客而晚節以往

以自任終亦無成若勤忠之一事則小人之尤身挽所不為矣

二十九日晴

晤吳修甫嚴少談

朱勝非秀水閒居錄云李綱拜相再閱月御史張浚黃潛善所引力攻綱至貶海南浚出使陝蜀富平之役退還薄謫俾居福州而綱自南遷回亦屬建州焉先是綱自計亦以用富於財交結中外不致及浚至綱謂浚素貧可以傾心結納浚亦自言深悔昔日之言相與歡甚紹興四年冬金齊合兵犯淮泗朝廷震恐

宰相趙鼎者嘗失身於偽楚初無敢薦者而後獨薦為言事官鼎遂之不逮乘急交合後後役秉樞機宰命下綱隨即百餘奮皆疏異之物又以論時事疏訖之後不即在邸日進綱疏且降詔獎諭明年敵退鼎左相後右相並兼都督即趙綱即豫章許之入覲又云綱請康初以右丞充御營使謀擊敵是失利罷政遂與伏闕之變京城大亂淵聖大懼於是賜予無度晝夜絡繹擁塞門巷以致不通有人約計物價不啻百餘萬緡二月工皇疏自江浙以綱為迎奉使上皇愚之乃在奮充愚之日加重賜隨以珠玉玩畫以解

御服庫帑賜之嚴獨褒嘉其實語告聞者抱背至於
拜綱宣撫使往援太原賜予金二萬兩他物稱是由是綱
主私藏過於國帑乃厚自奉養侍妾歌童衣服飲食
窮身之具極於美麗每饗賓客殽饌必至百品遇道路廚
傳常數十擔張相自福被召赴闕一日二十合之以朱漆鏤銀裝
飾樣製如一皆其宅庫所有也余按張李解隙實亦由自
忠定雅量魏公當日既敗後盛氣衝擠悔心頗切故能以閩子
釋憾朱本張甥因之以此任意詆讕是可駭也
可笑謂忠定猶蒙此謗並斷章摘句而不足憑尤矣

三十日晴

濮子泉扶柩回杭泊舟三岔河韓家門口往弔之袁偉亭來午後

寄孫慕韓一函

洛陽耆英會

富彥國弼年七十九 文寬夫彥博年七十七 席君從汝言年七十七

王安之尚恭年七十六 趙南正丙年七十五 劉伯壽几年七十五

馮當世行己年七十五 楚正叔建中年七十三 王不疑慎言年七十二

張昌言問年七十 張景元燾年七十

溫公亦及七十用狄監盧尹故事亦預于會元豐五年也時溫公年六十

四

東坡六一集序曰歐陽子論大道似韓愈論事似陸贄記事似司馬遷詩賦似李白推崇至矣實則歐陽之才學識不逮此四人遠甚

四月初一日晴

崔琴友同年自皖來合肥留之署中午後答之

南宋以淮西之變罷張魏公此罪之當罰者秦檜主歲幣求和之議衆論皆以為非而高宗有所不顧者以還梓宮太后及河南地耳以還河南為檜功則金人敗盟復失河南豈得不以為檜罪而上意決不用魏公檜亦不待罷求去大奸叔利牢籠之術殊不可測其後遂罷諸將兵柄殺並誣陷岳侯謂非與金通謀夫誰信之北盟會編載金人李大諒征蒙記曰兀朮諸軍錢若耳不患闕猶與蕭

平章計議大言檄宋約宿蘇門計議以敢違拒星雷水陸越江月餘忽蕭平章躍騎走報與南使同來止淮為界班師回泗點集軍馬輜重騾馬依稀四分好蝟十中無六七惜武軍機甚以而不能決若能決無一人一騎回也噫宋之君臣方以得和為萬幸而金人議論乃以此可謂朝無人矣尤亦遺言以宋敗盟用智臣為輔遣兵取鄭王植安坐汴京若守其言候須歲幣色色往來謂其財賦使重斂擾民必作叛亂十五年後南軍衰老縱用賢智亦無驍使噫自淮界中分之後檜一相十八年果中其南軍衰老之計使非完顏內亂以亮之梟雄長驅南牧豈宋石一捷所能

久持夫戰固不易言主和者尚無以公孫祿殺世之說誤乃國是也

初二日晴

伯平自大名來夜過晦若一談陽伯述由都引見回得崔惠人同年

書

虞允文楊林之捷誠非赤壁淝水可比然亦恃海陵果由采石渡江

則李顯忠尚未至軍劉錡之疾已篤金人長驅而下席卷江東累

算不往攻泰州其下無由冀棫逆即太宗已立亮終不能撫有南邦

而宋之為宋已不能國矣然則虞公之功豈可沒哉蹇駒采石斃

亮記員興宗采石大戰始末所記誠不免鋪張失實王明清揮麈

三錄趙甡之遺史則痛詆允文不遺餘力熊克中興小歷則云時王
權所留水軍車船咸在而諸將未有統屬莫肯用命盡伏山崦惟
張振王琪稍任其責允文自建康來因使人督之敵舟漸近於是
振琪與統制官時俊盛新等徐出山崦列於江岸我軍用海鰍船
迎擊之皆死鬥人舟沉溺遂不能濟 原云沉溺數萬亦不取 其意亦歸功諸將
而曰世平蓋諸將非有一二人先作備禦即一書生焉能激勸亦無由
藉書生以卻敵也豈能戰自是諸將之功勸之力戰自是允文之功
功狗功人兩不相掩及李顯忠至軍允文即以京口無備復往赴之允
分兵相助所見殊為忠壯劉錡大功亦一儒者謂自因瓜洲一敗引咎

自責其極推允文之見錡之孤憤乃全謝山作劉錡論則以世之
譏短劉太尉皆允文之徒所隨謗而以允文楊林之勝張皇之甚耶
授趙甡之遺史為斷且云亮於次日棄采石而趨瓜步亦豈以允
文之勝蓋亮素畏太尉聞其以病退而瓜步已下故思合勢以進非
因敗而走也假使亮次日不去金師竟渡未知允文何以應之乃會
逢其適從而夸大之且謂太尉愧死亦過乎所論殊未平允夫楊
林之捷不能走亮實已敗亮之至瓜洲允文亦至鎮江其氣固非
敵是求即亮采石得濟允文亦當無以應之乎謝山之意以為盼
敵之際宿將必過於書生而知宿將之善於避乃更勝於書生也

初三日晴午後陰夜聽內人彈琴

伯平來飯後作劉叔濤詩序一篇崔琴友袁偉亭先後至

溫公進資治通鑑表曰臣之精力盡於此書其與宋次道書曰某自到洛以來專以脩資治通鑑為事至今八年僅了得宋齊梁陳隋六代以來奏御唐文字尤多託范夢得將諸書依年月編次為草卷每四十年為一卷自課三日刪一卷有事故妨廢則追補自前秋始刪到今已二百餘卷至大曆末年耳向後卷數又須倍此共計不減六七百卷須更三年方可粗成編又須細刪所存不過數十卷而已其費功如此溫公居洛十五年故能成此書今學者觀通鑑往往以

首編年之法於一年用之四處書處纂成目要之若功大矣不觀正史精

熟未易決通鑑之功績也通鑑宋正史之分其用雜史諸書凡二

百二十二家以上節略依倫彙通鑑以資治為主故刪之今簡然使當日

少棄多取則累代稗史雜史附之以傳豈非幸事宋之大書之外以資治

通鑑為一大書惜元通不載所多英華斷自文選以後而通鑑文裁甚

道嚴耳

初四日陰 仍衣棉

姚馨圃自都來持潤民師書見之時赴兗曹濟道任伯平之弟佩珩

大令文瑋來談

輟耕錄盧疏齋先生文章宗旨云古今文章大家數甚不多見六經不可尚矣戰國之文反復善辯孟軻之條暢莊周之奇偉屈原之清深爲大家西漢之文渾厚典雅賈誼之俊健司馬之雄放爲大家三國之文孔明之二表建安諸子之數書而已西晉之文淵明歸去來辭李令伯陳情表王逸少蘭亭敘而已唐之文韓之雅健柳之刻削爲大家夫孰不知並古文亡有數漢文司馬相如楊雄名教罪人其文古唐文韓外元次山近古樊宗師作爲艱澀非古宋文章家尤多老歐之雅粹老蘇之蒼勁長蘇之神俊而古作甚不多見蓋清廟茅屋謂之古朱門大廈謂之華屋可謂之古不可太羹元酒謂之古

八珎謂之美味可謂之古不可知此者可與言古文之妙矣夫古文以雜而不華質而不俚為高無排比無陳言無贅辭云云案疎齋此論唐門八大家所時桐城派無排比之說亦本於此並所謂無排比亂其不華不俚也非不準有一排比之謂試以疎齋所指大家言之孰是無排比者乎古不古之說甚細此即詩家古調唐調之别學古文者不可不知

初五日晴

午後答陳伯平昆仲過晦若商定詩序都中寄時文數種晚崔琴友洪翰香來小坐復趙菁衫書

昨見沈文起先生幼學遺書有王荊公文集注因思東坡文集獨無注頗存掇拾之意檢張金吾愛日精廬藏書志有經進東坡文集事略殘本二十九卷為宋迪功郎新紹興府嵊縣主簿臣郎廟日諱曄之所進張氏曰曄之即注陸宣公奏議者前有孝宗御製文集贊及贈太師制東坡詩文衣被天下並文集未有注者是書鈎稽事實考核歲月元元本本具有條理可與施元之王十朋詩注相頡頏原書卷數無考今存卷一至卷十一卷二十至卷四十文卷二十一至二十七每卷二字俱有補綴之迹細審板口似是五字所改或卷五十一至五十七缺季滄葦書目著錄注宋板不全此本每卷俱有滄葦

記即季氏舊藏也余業月霄藏書及身所賣不知此本兵燹以後尚存否若據以为底本豈非快事又不知世尚有全書否

初六日晴

毛太淑人忌日祀畢枯坐惝然

初七日晴

黃秦生自徽州来國瑄表偉真亭辭行午後伯平過談晚崔琴友来小坐仲璋由鄉回在班御處候榜

史通品藻篇班書古今人表仰包億載旁貫百家分之以三科定之以九等其言甚高其義甚愜及至篇中所列異不類於其敘或若

孔門達者顏稱殆庶至於他子難爲等衰今乃先伯牛而後曾參進仲弓而退冉有求諸折中厥理無聞又楚王過鄧三甥請殺鄧侯不許卒亡鄧國今定鄧侯入下愚之上夫甯人負我爲善獲戾持此致亡將何勸善如謂小不忍亂大謀失於用權故加其罪是則三甥見幾而作決在未萌自當高立標格置諸雲漢何得止與鄧侯鄰伍列在中庸下流而已哉又其敘晉文之臣佐也舟之僑爲上陽處父次之士會爲下其述燕丹之賓客也高漸離居首荊軻亞之秦舞陽居末斯並是非瞀亂善惡紛拏或珍瓴甗而賤璠璵或策駑駘而捨騏驥以茲爲監將誰欺乎宋王觀國學林亦

云古今人表第九等謂之愚人班固以不道之君逆惡之臣皆置之九等桀紂妲己管蔡幽厲州吁趙高之徒皆在九等宜矣而鯀與周平王亦在九等之列蓋鯀在舜之時羣臣合舉以為可治水則其才智固已素稱於朝不幸而績用弗成則智有所困而力有所不足故也殛鯀所以戒羣臣鯀非愚也鯀獨戕而敗績耳戰而敗績豈遽亦為愚人耶周平王為西戎所逼東遷以避之迫於不得已也平非不道之君鯀非逆惡之臣班氏列在愚人之等誤矣又如荀卿居第二而孔子弟子則居第三老子嘗為孔子師乃居第四列子者有道之賢莊周嘗師之乃與師曠扁鵲同居第五孔文子為孔子之所

稱美而反居第七如此之類升降不倫不可勝計寔足以盡公議耶
表無漢人有古無今豈書未成歟錢竹汀先生作廿二史攷異於
班表頗存迴護次古人不表今人乃小顏之說錢竹汀則云今人不可表表古
人以為今人之監孟堅序但云究極經傳總備古今之略要初不云襃
貶當代則知此表首尾完具又原序桀紂龍逄比干欲與之為善則
誅干莘崇侯與之為惡則行可與為惡不可與為善是謂下愚錢云
依此文桀紂當並列九等今表以紂與妲己飛廉惡來列九等而
桀與末喜于莘乃在八等又失載崇侯名皆轉寫之譌脫也今本次
第六展轉錯誤與張晏劉知幾所見本歧異如張晏云老子在第四今

本列第一格乃唐今刊定本舊唐書禮儀志天寶元年丙申詔史記古今人表元〻皇帝昇入上聖正謂此也南監本老子在第四格鄭子〻〻入後此班氏元本張晏云田單魯連藺子在第五今本魯藺在第二格田單在第四格又張説寺人孟子在第二今在第四格嫪毒上烝昏亂惡不忍聞乃在第七今本不列毒名至知其所指如晉文臣佐今本則舟之僑陽處父均在第三士會在第四矣藍丹賓客則高第四荊第五秦第六矣史通原注乃五六七二等鄧侯原注第七等今則在第六三甥本第六等今則第五非轉寫訛舛即後人以意升降均失其舊文集又有漢書古今人表跋云此表為後人詬病久矣予獨愛其表章正學有功名教識見

豈非尋常所能及觀其列孔子於上聖顏閔子思孟荀於大賢孔子
弟子列上等者二十餘人而老墨莊列諸家降居中等孔氏譜系具列
表中儼然以統緒屬之其敘次九等祖述仲尼之言論語二十篇中
人物志著於表而他書則有足取後儒若仿論語發端實始於此
而千餘年來鮮有聞其微者遺文具在可覆按也古賢具此特識
故能卓然為史家之宗徒以文章雄跨百代抑之猶淺之為丈夫矣
佩綸案錢氏之說過涉推崇班之序以未知焉得仁定仁為二等智為三等令
尹子文之忠陳文子之清皆孔子論定所謂未知者而冒居三等智人之列固
已顯背論語臧文仲竊位蔽賢居蔡山節藻棁何如其智也亦在智人中遂

氏七人伯夷叔齊朱張少連均在三等可也虞仲何與周章並居五等既以朱

張為人表不應獨遺夷逸而柳下惠不見表中尤為疏漏子禽陳亢定是一人

而陳亢子禽均居五等陳子亢又居六等其於論語之學疏舛實多恐不能

盡以傳寫重沓誤為之曲解叔梁紇誕生聖子偪陽之役勇聞諸侯何至

與弑逆之中行偃被僇之楊干同儕下上甚亦顛到任意者耳要之此表實

漢書一贅疣不存可也

初八日晴巳刻陰晦

陳光還水滙黃秦生來留之午飯盛宣懷過談得九弟書

初九日晨雨雪

秦生來竟日

初十日陰

湯伯述來午後答秦生連日棖觸舊游百感橫集讀書不能終卷也袁敬之大令過談晚與琴友玉仲彭處小坐

晦若最喜鮚埼亭古文余亦愛其文之雋快然其中亦有過當者如春秋五霸失實論以五霸齊一晉四文公垂老得國急於求霸既有成矣而亂鄭之役見欺於秦此其所以深恨也幸襄公真肖子且以繼霸自當以後而始衰成公以邲之敗遂失霸至景公而復振至厲公而又衰中興於悼其規模蔚然有先公風平公以後至昭頃則無譏矣故文也襄也景也悼也

接齊桓而五葉晉、成公以魯宣九年卒于扈十二年莊戰于邲則晉景公之三年也安得以邲之敗屬成成而謂景公復振乎邲敗之後景雖拓土赤狄鞌戰勝齊而前者宋人告急委之鞭長莫及後者陽橋之役魯人竊與楚盟晉亦不能討也既而歸公子穀臣與連尹襄老之尸以求知罃既而歸鍾儀以求成始終畏楚華元之合晉楚遂開向戌之先是謂華夷狎主齊盟中國失伯之漸豈得儕諸五霸之中夫霸政以攘楚為功偶雖不終鄢陵之役足徵城濮下關之舊何可沒也若厲以被弒見抑則齊桓身後亦於諸子爭立五月蟲出於戶豈得後屏以曰乎要之春秋謹內外之防嚴華夷之界楚莊吳夫差決不能推之為伯即秦穆亦止佐強西戎安有尊王禦侮之績五霸

之說且當求諸東西二伯中以五霸桓公爲盛語求之諱非自桓而始與其爲之

一晉四之說不如以齊僖小霸開桓之先而以襄悼懷文之後殺爲平允耳他日

更與晦若談之

十一日晴

秦生來辭將入都見高陽作一書與之午後黃臣楚寶均見過

余在塞上以李雁湖王荊公詩注甚略頗取宋人稗說補之後求沈文起荊

公文注不得時以爲念謝山有題雁湖注荊公詩跋云荊公詩注五十卷見

於昭德讀書志而不詳誰作今雁湖之本與之合或是侍郎年輩不

及見嘉定以後書則志所列别是一本非雁湖作也但不知雁湖之前

既有注何以絕不一引及之不可解矣雁湖居撫州築峩峰草堂以箋公詩又引曾景建以自助其功甚勤其材甚博然尚不能無失信畧注書之難吳兎牀騫拜經堂詩話雁湖王半山詩注海鹽張氏所雕者乃元劉辰翁節本失雁湖本來面目曾見知不足齋所藏半部箋注並全每卷後又有庚寅補注不知出自何人晁氏讀書志亦未之及或疑即雁湖所補考鮮以甯宗開禧丁卯出居臨川箋注詩集當在是時其卒于嘉定壬午至理宗紹定庚寅雁湖歿已八載安得復出己手或其門人如魏鶴山序中所謂李四英之流為之則未可知耳觀此兩則雁湖以前有注雁湖以後有補注而張刻

尚非雁湖邑本藏書不多何能輕言著述哉

十二日陰

過晦若以容氏下第甚悶鶴巢示詩內撤嚴無一相識者得都中書九弟寄素心蘭二盆來

琴友澹泊誠確而性好道書偶談老莊亦有心得頗獨癖者神仙之說以為長生可致未免其蔽也憶嘗告合肥以親見純陽得其秘授欲傳之合肥師大笑而止琴友畏余誚亦不告我也案世所傳純陽詩大都讆語直齋書錄解題有肘後三成篇一卷稱純陽子其言小成七中成六大成五皆導引吐納修鍊之事又有純陽真人金丹訣一卷與三成篇微不同

大要皆依託也明段元一目號涵虛子又號承明道人崇正間搜掄道藏之言以端的上天梯爲號著化機彙參五卷六十四篇序稱親請正於呂洞賓授要稱其爲凡仙幻術所惑可云透頂之識余每笑秦皇漢武皆聰明英異之才乃惑於神仙爲方士所弄又何怪宋真宗之愚騃徽宗之佻達者名臣大儒如李鄴侯之謹直乃自稱嘗與赤松王喬羨門安期游處從屬詭誕不經朱子少耽禪學亦爲識者所訾乃爲參同契考異實則所校勘不過六七處餘皆隨文詮釋有類箋注雖出貶謫之後藉以排遣殊屬學力不繼致爲參之邀大顯同游亦何別東坡請長官詢郵文人游戲有託而逃並亦習聞東

對西禪之說見理不真究屬詩中一病耳夫求仙之與養生截然不同
靜與躁嗇與貪極相反也以躁與貪求長生可乎

十三日晴午後陰

澗師寄鴈湖荊公詩注來余昨方校證此本亦可合矣又賜年刻陸宣
公奏議一部皆精本也昨得子涵一帋索北食寄之午後仲璋來談
商定圖館日期陳兒病嗽將半月令林聯輝視之據云所患頗重
以屋小霉氣所蒸也
鶴林玉露葉石林云杜工部詩對偶至嚴而送楊六判官云子雲清自
守今日起為官獨不相對切意今日當是令尹傳寫之誤耳余謂不

然此聯工巧為假雲對日車兩句一意乃詩家活法若作金尸則索然無神且送楊姓人故用子雲為切題豈應又泛並用一金尸耶如次第尋書札呼兒檢贈篇上是以弟假對兒詩家如此類甚多又云杜詩桑麻深雨露燕雀半生成后山詩綴耕扶日月起廢極吹噓或謂歷實不類殊不知生為造成為化吹為陰噓為陽氣勢力與雨露日月正相配也案羅氏如此論詩殊涉纖瑣

十四日晴

得八弟書李筱荃文寄廣雅局叢書來晚邀仲琿修甫便酌

令陳兒來齋中靜養

十五日晴

以光輩書室須小改窓户暫移几案於睇若之西齋琴友下榻處也屋尚潔淨然曉亦偪側署中甚隘少隙地也仲瑾回館修甫蘇踈黃臣處

伯述極稱孫可之古文此欲求異於桐城而失之奇僻者讀書志引東坡之言稱學韓愈而不至者為皇甫湜學湜而不至者為樵毛晉以彼為非樵要則深譏之此實可之定評也汪韓門有孫文志疑一篇謂其十五中惟文粹所傳十篇為真餘皆偽託此亦極力迴護可之之說故紀文達不以為確可之集自序云檢所著文及碑碣書檄傳記

銘亦得二百餘篇叢書可觀者二十五篇〻編成十卷靈稿謂十卷本乃學

二百餘篇足本今存三卷乃其二十五篇選本也二十五中十篇猶佳則姚

氏選擇之精耳即以十篇論之武侯碑陰云武侯之流比於蕭曹被唐

秦齊誠介諸侯在下矣陳志固云梁益之民咨述亮者言猶在耳雖

甘棠之詠召公鄭人之歌子產無以遠譬也則亦仍本之承祚未為創見

西齋錄簡古目之甚是以天后攬政之年下繫中宗此說通鑑取之何義門

全謝山詆不以為然懼後世章以稱號也句亦未安帖前書叢說本質後云

叢聞能快而至目序叢書可觀者參看有意遠之可寶則提耀附

見矣後佛寺奏與諫佛骨疏無論文字高下一則自奏一則擬之令

李行方代奏李六平未奏也一虛一實分量遂相去遠矣吾輩猶未敢
至敝猶不為過吾鄉不成則罷而惟實不揮衛不精主入群社乎

十六日晴天氣漸煖御袷衣

呂庭芷前輩來洪簡香過談云胡墨莊先生之族從孫會試過此
有家藏墨莊遺書可以寄贈詢墨莊先生家事則惟一孀居孫婦
不知有遺息否午後過晦若久坐論古文甚暢晚朱存言黃家偉超
羣已於去年下世馬江同事略盡矣 胡名青暉 己卯舉人
合肥處送闈墨來閱之寄宗湘文龍松琴兩書皆久應作答者

十七日晴

午後翰香偕劉仲儀文鳳来劉生桐識人集賢都講也

十八日晴有風

廉生寄書數種来作書復之午刻載之寄贈聖教一冊乃程易疇藏本有拙老人宋遠堂藏記易疇及何蝯叟兩跋未斷本也沈石田一小幅亦精绝安圃書来云粤西有亂首逆已擒王仲彭来少談

為黄秦生寄来亮生書

直齋書錄解題唐百家詩選二十卷王安石以宋次道家所有唐人詩選为此编世言李杜韓詩不与为有深意其實不然一按此集非特不及此三家如王右丞韋蘇州元白劉柳孟東野張文昌之倫皆不

在選意荊公特選世所罕見其顯於世者固不待選耶抑宋次
道家獨有此一百五集據而擇之他不復及耶未可以意斷也館
臣案晁公武讀書志宋敏求為三司判官嘗取其家所藏唐人一百
八家詩選其佳者凡一千二百四十六首為一編王介甫觀之因再有所
去取且題曰欲觀唐詩者觀此足矣世遂以為介甫所纂也提要
云讀書志作於南宋之初去安石未遠晁氏自元祐以來舊家文獻
緒論相承其言當必有自邵博聞見後錄引晁說之之言謂荊
公簽帖其上令吏鈔之吏厭書字多輒移所取長詩簽置所不
取以詩上荊公性忽略不復更視今世所謂唐百家詩選曰荊公定乃

羣牧司吏人字也其說与公武又異並說之果有此說不應公武
不知考周煇清波雜志与博所記相合煇之曾祖与安石爲中
表煇於論多左袒安石當由安石之黨以此事不惟公論遂爲
造說以解之託寔言於說之耳今本爲宋牧仲所刊余購得
之較讀書志所云多七十六首捷安以爲讀書志寫者之誤此書
或以爲偽閻百詩先生歷引唐詩品彙及書錄解題以證其真
並以讀書志攷之詩已溢於次道原選之數不見荊公去取之迹蓋
此本乃次道所選非吏人易之亦非荊公字本也否則晁武讀書
志誤耳 高達夫皇甫茂政 岑嘉州韓致光 四家篇多

十九日晴

醫云陳見已痊而余咳矣仲瑋来談閱四六源流得八弟書寄琴絃四分作一寄復之誼卿書来云清卿五月可入都

二十日晴甚煖

復謝載之兩至晦若處久談遣悶咳甚不能閱書晚李子木自都来

二十一日晴

得鶴巢書卷為戴兆春所擯久困場屋為之慨歎

二十二日晴甚煖

復瑄卿書午後翰之來重校臨川集塞上校李注臨以李注臨川集

二十三日晴

得高陽書

二十四日晴

以時魚兩尾寄高陽晚秦生來陳兒已癒令回書塾

二十五日晴

秦生來夜咳甚不能成寐

二十六日晴

昏臥竟日夜作一牋謝潤師賜書

二十八日晴

沈丹曾來寄伯潛書吳蘭石及秦生同來談連日擾擾未能讀書為秦生作香濤一牋

二十九日陰晚大雨

午後送秦生餘移尊至晦若處小酌共嘗時魚雨中涼爽酒亦微醺復勞玉初一牋

課詩五孝廉來商子峨箴注意欲寫定刊行請余一閱允之子峨放從稍疏議論頗有開發處似宋明人說經為箴子闡一生面似亦可存耳

五月初一日晴

夜秦生來得廉生書並載之寄羊毫及新刻聖教

初二日晴

容民下第歸路過省晦若連騎候之湯伯述來晚過晦若久坐

二餘堂送書來得宋詩紀事一百卷才調集二馮評本乃闕一卷矣

還之韋縠編十卷千首

提要云縠生於五代之際所選取法晚唐以穠麗宏敞為宗救麤疏淺

弱之習未為無見乃馮舒馮班之意頗排斥宋詩遂引此書於崑

體推為正宗不知李商隱等唐季僅有三十六體之目所謂西崑

體格於宋之楊億等唐人無此名也

馮武序先世又默庵鈍吟兩先生承先大父嗣宗公博物洽聞之緒學無不該於漢於詩賦默庵名舒字巳蒼以杜樊川為宗而廣其道於香山微之鈍吟名班字定遠以溫李為宗而溯其源於騷選漢魏六朝雖途跡不同其必謹飭雅馴則一也兩先生皆在西崑而闌江西謹悉以來易入魔道

又云韋君以白傅冠通部取其昌明博大有關風教諸篇而不取其閑適小篇也以溫助教殿第二卷取其比興深邃窈密新麗而取也以韋端己殿第三卷取其氣宇高曠辭調整贍也以杜樊川續第

四卷取其才情橫放有符風雅也以元相領第五卷取其諷發乎情風人之義也以太白領第六第七卷而以玉谿生次之所以重太白而尊商隱也以羅江東領第八第九卷取其才調有擅也其他如司空表聖非不超逸而不取以其取材不文也李長吉歌行非不峭媚而不取以其著意險怪性情少也韓退之非不協雅頌而不取以其詞不韻也柳柳州非不細麗而不取以其氣不揚而聲不暢也高達夫孟浩然之非不高古而所取僅一二篇以其緊意不同也韓致光香奩非不嬙冶而不取以其發乎情而不能止乎禮義也嘉陽朱野飛不吉而所取之僅一二以其艱澀也要之吾居此書所謂不盡一代之人亦非謂所

選而盡天之能事合者取之不合者棄之亦自成其氏之言而亦
余接翁像之說亦類於因哉高變實則其氏不過宗法中晚
二馮其書尤白一書溫李因之主說要自成為溫氏之學非李氏之
書也如汪也趙秋谷執信以為漁洋批衡甚同其矣層亦未的

初三日晴
午後紋卿來閱散館單伯潛之弟叔毅改部屬閱錄太僕
集竟日　同年王玉森梅舫以疾久不散館此次入都散知縣

初四日晴
過晦若談費臣來朱存齋辭去塞上三年舊僕因無去志余

以為人情不薄及來津又閱居四年則瓦解矣世豈有顏士奴

哉

戴之寄翻刻宋拓聖教一本佛道崇虛之道字兩點有黑子間

之咲以摹失波飛二字亦無黑子

初五日陰雨

寄黃鏡生書交聯仙齋轉致並以廉生數行夜作九弟書

論鄉事樂山有書復之

初六日陰

楓臣來辭午後劉儒章教授世琛來以已由進士歸班選奉天

昌國府教授乃乙亥伯潛所得士同邑縣西北人

初七日晴

得戴之書復高陽一牋交姚觧泉李觀察興銳來以薛叔耘

電見示不預世事一咲置之

大雲山房雜記引默記言歐陽文忠省試請題乃目眊瘦弱少年

各書皆言公貌豐豈弱於前而豐於後耶此記可發人少年瘦

晚年盛肥此何足恠

記又云昭烈之伐吳乃欲伐吳之後滅魏耳蓋以荊州前事為戒恐出師

中原吳躡其後也又其時吳弱小於魏先攻弱小羣弱小則足以持

強大矣況魏為國之賊吳為賊之黨春秋之義宜先翦者哉後
世以猇亭不幸遂斥為憒兵不知昭烈生平未嘗一事悻悻不過
以吳殺前將軍為出師之名其謀則未嘗不深遠也余業此說
甚悉然尚有未盡武侯隆中之對本云天下有变則命一上將將荊州之
軍以向宛洛將軍身率益州之眾以出秦川百姓孰敢不簞食壺漿
以迎將軍者乎荊州未失隱然以上將將屬前將軍矣那失荊州亦止
能自出秦川而命趙順平輩攻吳故武侯謂法孝直若在則能
制主上令不東行就使東行必不傾危其意蓋欲昭烈征魏別將
東行若東行不致傾危之速一條但終失討賊之義日久則魏已定矣

初八日晴

得九弟書花農來過晦若略話

初九日晴

以衣料鍼背復都廣答允變之勢也答庚樂秋一紙連日整理

書帙眉目稍清夜得陳伯平太守書

初十日晴

得子涵書復誼卿一函

十一日晴

趙燧冬明經曾攜羅玉三孝廉（崇齡）陳佩珩司馬（文瑋）均來復

子涵書

余十八游海陵從戴〻得兩當軒詩愛不忍釋手抄全集半月而成詩筆稍進其後抄本為八弟取去業頭亦未購兩當軒也今日書賈偶持書數種來中有此集遂買之披閱一過如遇故人按子亦論詩云中有黃滔今太白翁覃谿亦云詩非雙井乃太白其序中並云稗存評其詩出於太白然稗存盤庫集中則謂仲則詩宗少陵昌黎〻時〻染指昌谷也今觀仲則有詩評七則云杜園詩之祖而李東川實可謂祖所自出後人從門上遂無所不備蕭恬雅少而渾於元氣匠成大觀矣愚見欲以岑嘉州與李昌谷溫飛卿三家彙刻以道

無理並能讀之爛熟試今本筆之有絕妙過人處亦惟解人能知之也阮亭云歐陽文忠七言長句高處直追昌黎自王介甫輩皆不及也愚謂歐王兩派各有佳處不能較優劣也王詩得辛味居多其沉雄處要不減前人二晁宗蘇秦黃其沉峻刻鍊處又以並有鼎立之勢補之篇幅尤大撥是勝處竟直入昌黎之室矣人多謂附蘇而傳詎知有非蘇亦傳者耶遺山詩學杜更李天資才力為跌宕之勁微推是成乃太多益不害為盤之大手筆也伯生沈鬱頓挫不肯為一直筆固是後來之雄但有過為圓刻處一失之運掉不靈耳此可得其宗旨所在韓存焉之條文

爲閏生賓秋翁以爲似太白就其資近耳潘瑛詩草云大夫神奇安儗獨近青蓮邈望太白墓詩有云我所師者非丘雅可以知所本矣不知學韓即上宗李杜下啟歐王也

十二日陰小雨時作時止

爲兩兒改文字數篇答永詩陸蔚廷同年乞假南旋

十三日晴

安圃有書以二百金還藏之

十四日晴

復安圃書寄家塾束脩廿兩

十五日晴蒸煖

寄都中書並附潤師啟明日均交摺便

十六日晴

過晦若談得雲舫書聞梅舫同年欲改教書生末路聞之嘅歎

直隸同年入詞館六人曉颿及戊辰補殿試者于鍾散館知縣心齋以杭嘉湖道攝臬事雲舫以祭酒直上齋皆須髮蒼然矣

梅舫久病無子女今年已六十家為潦倒也趙燧冬辭行

韓詩外傳學以為人教以為己呫囁語道盡世儒伎倆

十七日晨雨涼爽

午後答陳佩珩為冊兒改賦冊薊詩四首甚覺疲乏

樂府中有關世語飲馬長城窟行枯桑知天風海水知天寒入門各自媚誰肯相為言讀之越有餘味少時亦自忽略讀過

尚書孔疏引晉書皇甫謐傳云姑子外弟梁柳邊得古文尚書故作帝王世紀往往載孔傳五十八篇之書又云晉太保公鄭沖以古文授扶風蘇愉字休預愉授天水梁柳字洪季即謐之外弟也季授城陽臧曹字彥始始授汝南梅賾字仲真為豫章內史遂于前晉奏上其書而施行焉此兩事今晉書皆不載尚書後案以王肅注與孔傳多合遂謂偽古文非謐所造即肅所造余謂謐肅自造而自引之

未免心勞日拙焉知非僞書竊取世紀及肅注乎是亦未可以爲竊鈇之疑斷鄰人也古文真僞聚訟紛如宋學不以置論矣閻百詩謂論語前經無論字論道經邦出於考工記坐而論道全謝山云閻必以古文爲僞故有此說是謝山之說頗主西河然鮚埼集亦未嘗言之也

十八日陰

督兩兒作課九弟寄三朝北盟會編來作書復之夜浴甚爽

論教之法必擇正人以漢文之賢主豈不知賈晁優劣然賈傅懷王而晁爲太子家令使賈生即老壽景帝之世亦未必能大用也而晁以刻覈

導景之所以處之族姻之待師傅之恩亦云薄矣其後仁柔如孝元乃
迫蕭望之自殺若孝成之尊禮張禹祠以外戚則更決之雖禹之老
耄負國亦以帝之懦更甚於孝元王氏之權更甚於恭顯殆深懲
於蕭傅之禍也至於幼主所作例選名儒如孝昭之蔡義夏侯勝孝和
之桓郁均恩禮始終惜乎天祿不永究為憾事宋之哲宗元祐眾正盈廷
講讀極一時之選然伊川竟特行貶黜其他亦以紹述論斥概予貶謫極
無舊學之情豈徒由天縱固非講幄所能挽迴匡救耶至萬曆之於
江陵則又有說矣
十九日晴

過晦若談伯平有書來復之陳光文病甚瞑之也

岑嘉州集四庫竟不收未詳其故今通行者明刻八卷本正德翻元本刊又有三卷本乃錢遵王所藏後歸汪氏振綺堂又有明初七卷本昭文張氏所藏云較明八卷本爲善未之見也直齋書錄解題亦無岑集苕谿漁隱於嘉州詩未錄一條似宋人不喜嘉州之證惟荊公百家詩選嘉州詩最多疑荊公亦有所矯也集有京兆杜確序稱其編覽史籍尤工綴文屬辭尚清用意尚切其有所得多入佳境迥拔孤秀出於常情每一篇絕筆則人人傳寫雖閭里士庶戎夷蠻貊莫不諷誦吟習焉時議擬公於吳均何遜亦可謂精當矣七卷本張金吾又跋稱

歷攷唐書藝文志崇文總目郡齋讀書志通志通攷均稱十卷後無作一卷者此本乃確庵合似無脫佚意者詩七卷文三卷合十卷故也見季滄葦書目恨跋云卷四有唐博陵郡安喜縣令岑府君墓誌果毅張先集曹墓銘二首一卷本所無不知兩文何編於第四卷中殊無微似可尋又無排律一類似詩少於一卷本矣亦未見其善本耳按直齋別集類未收十卷本詩集類收一卷本通攷並收張之攷云宋審此七卷三卷當是十卷殘本未能據定優劣

嘉州新舊書無列傳直齋云嘉州刺史岑參文本之曾孫天寶三年進士爲補闕左史郎官爲杜甫唱和晁氏云南陽人文本裔孫天寶三年進士累官補闕起居郎出爲嘉州刺史杜鴻漸表置幕府出職

方郎中蕭侍御史穎終于蜀恭博覽史籍尤工綴文属辭清尚甫
工良苦其有所以往〻超拔孤秀度越常情每篇絶筆人競諷
誦之陳中裴珣薦杜甫等皆薦其識度清遠議論雅正佳名
早立時輩所仰可以備獻替之官云集有杜確序按確序系天寶
三載進士高第解褐左內率府兵曹參軍轉右威衛錄事參軍
又遷大理評事兼監察御史充安西節度判官入為右補闕頻上封
章指〻述權倖改為起居郎尋出號州長史又改太子中允兼殿中侍御
史充閬西節度判官壁上潛龍藩邸總戎陝服參佐寮吏皆一時
之選由是委公以書記之任入為祠部考功二員外郎轉虞部庫部

二氏所又去為嘉州刺史副元帥相國杜公鴻漸表公職方郎中兼侍御史列於幕府無幾使羅廣居於蜀時西川節度目亂受職公著招蜀安縣一篇申明逆順旋發有日責往山縣鼎陳撫敘殊不詳也宰相世系表作嘉州都督業乾元元年三月劍南節度使盧元裕請升嘉州為中都督府壽羅舊書地理志劍南道奏為元帥府奏佐始判嘉州德宗以元帥會軍於陝州乃代宗即位時事都督府罷久矣其後始出為嘉州乃刺史也世系表誤

二十日晴

洪大使恩鯨來候遂入都雅賓同年來福建遺缺將補延平容氏入署

以文苑英華唐百家詩選校明刻高常侍岑嘉州集因歎世之議荊公詩選殊無真見也其說曰吏厭其字多輒取所載長詩移置所不取小詩上荊公惟恐遺不及察此實謬論荊公自作一詩往往推敲入細豈至三五次猶定豈於選詩無暇至此至令吏人欺蔽形如木偶乎夫詩之佳否豈以長短為憑安見荊公不取小詩而必盡取長篇者即以高岑二家論之高詩七十二首律詩僅　首餘皆古詩長篇岑詩八十一首選古詩至四五篇此豈吏之所易置者乎且其選兩家詩於岑最簡後作盡入選所去取甚有深意不知何者不慊公論而其當也遂為此說以誣荊公也夫荊公之新法可議而其文章固不可厚議或因

其文而取其人觴翻之論或因其法而譏其文余以爲詞皆非也

二十一日晴

楊上舍朝慶字雲史伯行之壻来謁夜杜李兩賈赴滬以二百金交其物色

書帖答雅賓同年

二十二日晴 楊雪鑪孝廉来

得高陽復書寄狼毫十支作書謝之午後答容民夜示仲璋

慶小坐寄二百金子戴之 閱晉卞寶第包孝允之

二十三日晴 季士周来爲戴子輝由合肥書院事

漢魏百三名家僅存西漢九人捷庫謂枚叔六朝韓成一集葉隋經籍

九集惟賈誼集隋亡亡
褚少孫集即所補史記
者無所某乃張氏臆
撰

志漢之有集者武帝集一卷梁二卷淮南王集一卷梁二卷騎都尉李陵集二卷
諫議大夫谷永集二卷司空師丹集一卷梁三卷錄一卷光祿大夫息夫躬集一卷
班婕妤集一卷合所輯九集共十六集其梁有隋亡者曰鼂錯集三卷曰漢
宏農都尉枚乘集二卷錄各一卷曰光祿大夫吾丘壽王集二卷曰太常孔
臧集二卷曰丞相魏相集二卷錄一卷左馮翊張敞集一卷錄一卷曰射聲
校尉陳湯集二卷丞相韋元成集二卷曰涼州刺史杜鄴集二卷騎都
尉李尋集二卷共十七集合前為二十六集舊唐以開元四部為志所列漢
集曰武帝二卷淮南二卷賈誼二卷枚乘二卷司馬遷二卷東方朔二卷
董仲舒二卷李陵二卷相如二卷孔臧二卷魏相二卷張敞二卷韋元成二卷

于州堂石影

劉向集五卷王褒集五卷、谷永集五卷杜鄴集五卷師丹集五卷息
夫躬集五卷劉歆集五卷揚雄集五卷楓梁鴻班倢伃兆錯吾邱
壽王陳湯李尋五集四卷數或多於梁今九集已非原本此十七集以
嚴氏所輯漢文校之武帝存詔令九十八篇賦一篇辭一篇阿華先有鄧子宣房
兩啟錢溢二卷之數淮南存二篇班倢伃存三篇孔臧存六篇兆錯存
九篇司馬遷存四篇吾邱壽王存三篇李陵存四篇文選有詩三首
魏相存七篇韋元成存六篇陳湯存二篇谷永存廿五篇師丹存四篇
李尋存五篇息夫躬存四篇而張敞集則余輯之得十五篇同與嚴校
敞集則周守敬輯之得廿四篇嚴輯不收前僅十五篇文選六臣注引枚乘集有以獨池遠諸賦今亡

大可為隋志作證也

二十四日陰

楷升入都寄復陳仲勉叔毅及壽伯茀書

二十五日晴

雅賓來談

真覺化之南餘一舍有山聲立而秀者蓮峰也求之圖志不知其所本里俗舊云以其諸峰環列狀若浮蓮或謂山有蓮池而因以名焉遼大安八年祐國寺僧傳戒上人普鑒厭初往來山間駐錫泉上初謂蓮華院後歲旱因雨數禱之夕池有神龍浮鏡而

出文山顛時見大窣堵波寶塔寵鏡之名始于此矣此王寂拙軒寶塔寵鏡寺記也其記又謂聖蹤秘迹皆騰于傳載之塔銘與義熙之石刻義熙蓋晉安帝年號此地非晉有何從而致此相傳是碑與石羅漢像之皆發地得之怪也虜任存否難矣此碑乃遵化一故事而今州志遺之亦足見秉筆者之淺陋耳因與兒輩說鄉事故筆之

王寂之弟名宗自號曲全子拙軒有其詩集序惜已不存

中州集蘇蘭州玉田人而蘇敘其父行狀乃大名莘人六世祖晝乃文貞從弟為遼人所得羈縻于薊州南部酋目家焉蓋遵化縣未涉玉田一字也

二十六日晴

李大令振鵬來求見甚切及見乃干以事可鄙揖而退之午後延永詩來為陳見一診夜薄飲醺然得誼卿書

二十七日晴 夏至

復誼卿書寄五十金還金吉石書畫價交載之

二十八日晴大風

晨起得蘇州書估侯念椿書言有宋無注管子一本半葉十行行廿一字屬誼卿致之康生寄書數種永詩昆仲同來雅賓蔣行有持曉嵐先生所藏朱文正彭文勤公翁覃谿錢辛楣諸公尺牘均為文達裘後者

欲以賤值得之索價太昂摩挲良久而已

二十九日晴

得宗氏先仲兩書子涵寄聚珍板八十餘種來傍晚送雅賓行並聞李

郎夫人過津至潘子靜處見之

論語意原宋鄭汝諧撰提要云其德秀稱其學出于伊洛然所說

頗與朱子異如衛靈問陳乃不可對乃有託而逃以子賤爲人沈默

簡重非魯多君子（不能取此君子）皆足以備一解至以使民戰栗爲哀公之語以見

善如不及連下齊景公伯夷叔齊爲一章則太牽矣然綜其大致

精密居多朱子亦云贛州所刊論語解乃是鄭舜舉侍郎者

中間略看一過有好處迷朱子不以其異己為殊棄意屢改三嘆為三歎而以雅之歌集必田獵而後下歎其或飛或下皆得其時時繆協說也以問于西為鄭大夫以馬融說也善人之道與論篤是與為一章此何晏集解本也是亦兼取古義於學有五而志於學章謂聖人必節言之念是而論生知非知聖人者也於子張問行書紳則云其學多進於行之不善章則云不善莫如祝子貢猶然之回視方人之心蓋已洗滌無遺見其學問積久從少至老日有進益故一言之親切如此其兼采宋儒之說正為朱子集傳徵倣相同如江天小錄節引程子說朱子上引之宜朱子存之為異己而稱其亦有好處矣

于艸堂石影

六月初一日晴
復子涵一書晚劉仲儀來檢點子涵所寄老香不覺竟日
初二日晴
閱涑水紀聞邀永詩來為陳兆芝方
初三日晴
鞠耦生日值伯夫人小極未能攜癡取醉也廉生寄九家注杜之餘
書估所送書來 因子玉詞荊公施注而天津嚴萬四千金作書乞憐于余云
以應酬致累余微知之故子玉到津頻借一二益花一吊蓋皆
不受也蓋亦可見其若足貴者為之地乎世事茫茫亦可慨歎矣
漁洋精華錄惠定宇先生為之訓纂雖以李杜文章未得如此博

學通儒為之作注者於垞楊孫各注遜之遠矣乃吳中金榮林始復有箋注之刻其凡例云後始見惠注覽則無一非惠注也其所增益皆習見之典惠所不屑取者及不必注者而遵箋注易以訓纂鄙致何也其卷末有補惠注二十一條龍輔見左傳而引之餘拈勃海史漢習見而引博物志宣武蘭亭出於建靖康乃引春明夢餘錄其陋如此餘所掇拾惠注而正宜徵君有金氏箋注雜論之錄也尚有徵君未及雜者謁王文成祠一時張往太僕危徵君知漁洋用事小誤因徐龍友云張璁為文成無阿遂引擒宸濠時張忠許泰讒文成于武宗前而加罪注誤張指張忠桂指桂萼箋注

未知有此史乃云惠云張志桂蕃讖中武宗不可蔑一天變乎然哉
字於詩詞所涉甚淺亦多遺漏於塞肌趙粟不知引坡公雪詩於
吹香不知引李頎密葉吹香飯僧徧麥飯不知為五代史宦者傳語大
漢不知為後漢書憲傳語又為提要所譏至提要云楚辭先有金
注標書名而標書盜為所亂則似未一檢金注未知金之竊取惠書
耳

初四日晴

復廉生書得茲圃一緘

環溪詩話四庫收一卷粵學海類編者三卷偶從李佑借得舊抄

本乃父以蓮溪義明舊抄其論詩以實字為佳如一句說半天下滿天下
之類太淺近實近錄已駁之矣其論山谷云除拗體似杜而外以物為
人一體最不佳並今有而有不可如春至不覺園黃鸝頗頗詩是用
情是用主人之請事如詠竹云細細佳八子為政一窓環是用史事
也又如殘暑已趣裝將風方來驟若雨已解嚴諸峰來獻狀亦
無不可若提壺要酤我杜宇賦式微則近于穿鑿名而矣不如杜
蒲避席雪月供張黃花翻光白鷗趁予蘭舍重舊詩而以益濱
雅一篇又氐以物為事而不失為佳內是山谷所以取名由擬環縱以杜
為一祖韓李為二宗為西江派其敵所取於山谷止此並所以於山谷固

谷詩之一節而山谷之所以爲名家在此類山谷之所以啓流派亦在此類其秘旨

以比興賦自能避俗生新如詠猩猩毛筆云平生幾兩屐身後五車

書此渾成而又巧者若以羊腸喻茗茶以牛角喻栗喻牡丹非山谷（卑之）

爲之罕雖妥帖者亦往過於研鍊往往成穿鑿之病此在善學者

矣

初四日晴甚熱 夜半微雨

終日讀書雖解衣磅礴而心地清涼知以心鎮心猶未得書中之

趣也

賓退錄載姚平仲乘青騾亡去奔蜀至青城山留一日復入大面山行

二百七十餘里度采藥者莫能至乃解縱所乘騾得石穴以處乾道淳熙之間始出至丈人觀時年八十餘紫髯長數尺面奕奕有光行不擇崖塹荊棘速若奔馬亦人作草書頗奇偉然秘不言得道之由陸放翁作平仲小傳如此似有所寄之蔡靖康叔寨之役平仲首謀漏洩於數日之前所謂謀人而使人知之兵法忌疏及戰敗恨一死是以自解乃健騾行遁反誇老壽是人全無心肝而放翁稱美之以為得道不足訓也年八十餘世所恒有速若奔馬亦武人所恒有此豈得道耶君嘗謂宋之不振久矣金人兵臨城下种師道還延師期請過春分節亦畏金耳

亦時固無一能戰之將也無事則酣歌恆舞有事則張皇乞和
及敵情無厭倉卒欲一戰以邀天幸之功是勢必至於此李忠
定傳信錄曰平仲于二月一日親率騎萬人劫金寨領种師道
不知余時以疾給假臥行營司夜半上遣中使降親筆曰平仲
已舉事卿可將行營司兵出封丘門為之應援會具劄子辭
以疾且北京行營兵不預備頃刻之間中使三至責以軍令不得已力疾
會諸將詰旦出封丘門戰于幕天陂而平仲所折不過千餘人懼以
違節制為師道所誅即遁去云云夫平仲之首劫營功自欽宗
之不更兵事不足責矣忠定氏段亦多可議夫二十七日與平仲同對

期二月六日舉兵此時忠定所有之病困城之中何可情假此一失也平仲改期忠定主國事主戰事自安然不知此二失也既奉御筆則平仲兵已去之惟有衛校疾趨以夜赴之所以不能轉敗爲勝約或可冀在援受綏乃往往遷延候諸且猶出國門此三失也然則忠定亦書生耳天下事不可以成敗論然此筆闕係於耗宜於臺諫乞昭遷於君父乎忠定無一自責之語而反多粉飾於其間無亦敗將竊不敢之

初六日晴時有陰雲頗涼爽

過梅若晚翰香來

初七日雨

新盛觸礁沈於成山八弟子涵書來均由舟中檢出者沾濕不可讀

吳夜容氏來談復八弟書

初八日晴

復子涵書廉生寄雁塔聖教一本以補余所初拓闕字處共一包

校太玄以馮翊宗校本何義門校本合勘

初九日晴

琴生屢差僕來頌氏寄物四色伯夫人病篤內人終夜侍守余亦

枕上反覆不能成寐以合肥七年老運推之深為憂悶也

初十日晴夜大雨

巳刻伯夫人下世壽五十五合肥屬其甥士珩料理喪務臨歿竟無一言殊愈若有所屬

十一日晴大雨

卯刻伯夫人大斂余率兩兒弔唁連日疲倦即枕片時復至合肥昨商喪禮因人皆伯夫人所鍾愛素性篤孝傷痛不能自持亦無從勸慰也

十二日晴家忌

寄安圃弟四書

十三日晴

清卿入都過此專信令肥留之午飯邀余作陪飯後過余齋略談

十四日晴

清卿來邀余午飯辭之未刻答清卿出示張公閣卷申刻還

十五日晴

清卿來談以一新莽鷹符廣有郡乃漢廣陽國之京師也

十六日晴甚熱

過晤若農清卿來辭行以有事謝不見贈元押兩枚十二搭舟回

得家書叔毅分刑部自都回過談

十七日晴

清卿來話別午後至冊中送之有画師陸恢廉夫在坐翰香來

以其族人書籍數種來售晚楚寶過談范宵堂之弟仲林明經來看鐘

十八日晴晚大風微雨甚涼爽

過晦若少談察民楚寶兩在坐得兩弟書

十九日雨

復兩弟書

二十日陰

復頌民書以其去年生子寄小兕鐲鏁之類貽之

二十一日晴

連日復手校太公一過以補闕懷

二十二日雨

吳賓臣來新署天津道也是夜耿耿不寐

二十三日晴

晨起酣睡至午始覺作伯夫人挽聯云高爽開列得承彥家風論才堪配武鄉為丞相理八百株桑聽甚息吾成生重遺忠款信誠助齊桓內治善遇目甦重耳使亡人有二十乘馬鄭䪨備歷見歷名目以為頗工切而眾謂齊姜非衛姬也對為不稱以此論古可歎也

二十四日晴 入伏

過梅莊談

二十五日晴 雨一陣

寄朱子涵復書 八弟書來為余推五星內不甚佳一笑置之

二十六日雨

湯伯述以水經釋地抄本見貽

二十七日晨霽

寄高陽書又附寄廉生一緘得伯潛五月二十八日書

二十八日陰涼爽如秋夜雨

劉鄘林子進楊蓺舫沈子梅均来均閽拒而入不能不見也崔琴友

由蕪湖来

藍鼎元作儀對先生傳張文端請葦先生職刑訊定擬極刑

聖祖鑒其冤命入都陛見當事以同知胡某監行瓜州作揖卸伯高郵

父老乞一見均難胡所格至淮安總河来會見先生所乘船敗以巨舟

易之行暮將泊清口胡督舟子乘夜渡黃河細雨方霏陰天如墨濤

浪湍急皆曰命畢矣然不得不行俄而雨霽浪靜星斗燦爛如晝旣

渡黃河舟人皆大喜相慶賀先生亦不以爲意吁說奇誕無理總

河旣易以巨舟則舟子皆總河之舟子於法不當夜渡况有胡之迫

徒亦未必肯行胡邵事當事指不畏已擬極刑之巡撫獨不畏總河
平止胡亦入耳而媚撫責亦不過貪利祿之見設冒陰夜渡清惜哉圓
莫魚腹胡豈有泅水之技可以入河不死哉若云舍死以期殺清恰
則手刃之可矣何取黃紀用折義形容先生之膽識則敘抗留禮
何懼黃河此亦儀而不論也與袁子才作陳恪勤傳敘李丞事同一過
當李丞同獄平叙哺恪勤杖四十及督南河李官郡睢同知南岸崩
曷莫翔貴公勒令李傾家治河河平來驗工官纓帽小車邪李所杖江
甯獄平也既李竟懟恨死此與李廣殺醉尉何異書之殊傷恪勤
雅量要之皆不善學史公者

二十九日晴雨後凉爽　趙氏昆仲及新安友山均廿一來廿九行

吳黃臣來時永定決口論河工許久晚至仲彭處略談琴友來相約也得廉生書

國朝諸儒崇尚攷證名為漢學其端發自顧亭林閻百詩諸先生自乾隆嘉慶間彬彬稱盛矣其間主張太過至於詆毀程朱門戶之見太重江藩作漢學師承記嘗毀宋學不遺餘力余嘗心非之方植之東樹殆心疾其非乃著漢學商兌四卷大攻漢學並其言亦多過當其上卷列諸儒詆毀宋學之說如毛西河毀朱子謂道學本道家學兩漢始之歷代因之至華山而張大之宋人又死心搨地

以依隸之錢辛楣云訓詁者義理之所從出非別有義理出乎訓詁之外又曰訓詁之外別有義理非吾儒之學中卷之下引惠氏曰通俗文惜不傳蓋自南宋俗儒空談道學凡有用之書盡亡南宋而皆亡中卷之上引焦理堂曰宋儒言性言理如風如影戴東原曰程朱以理為如有物焉得之于天而具之于心啟天下後世人人憑在己之意見而執之曰理以禍斯民更淆之以無欲之說執其意見甚堅而禍斯民甚烈又曰大學開卷說虛靈不昧便涉異學論語開卷說不以明善而以覺初出莊子全非孟子擴充實學之意中庸開卷說性即理也如何說性即是理汪容甫云宋學禪學盛行人人說法遂以被諸孔子

求之經典惟大學之格物致知可以傅合又稱墨子与荀子相表裏孔墨從不相謀謬如方氏之說太覺謬妄敢於立言辭而闢之可也其宋儒之猶到處予友常存漢學家駁之朱子不見損方氏尚之朱子亦不見益乃反脣相譏其氣燄陵其證龐雜其識瑣碎所謂妨子与賈豎帝言殊失大體至 國朝諸儒之校證亦自不屬江河流傳萬古方氏惟以漢學之目韻為漢學諸公總業為唐宋以来所未有而其他率一筆抹撥而結之曰主張宗旨既偏則邪說謬言實亦不少未免有意輕藐与江藩之過於漢學同一謬妄此皆門戶相激之偏遂正學士大夫成一攻訐之派豈謂真

能通經之漢儒其務窮理之宋儒必不如是戲曰方目阮刻皇清經解不取

讀漢技劍為代論未知確否

居今日而論儒術漢學家流於瑣碎於小學尚未深通輒拾於訓諸儒唾餘搖唇鼓舌所謂碎義逃難者正漢儒之所鄙宋學家竟已絕響矣竊謂必泥漢學不過歸於無用必泥宋學亦不過歸於無用士通經致用甚遠夫人生於世必以切於世用為主不能通則失自天主之而所自主者則在砥名厲行以漢學之考證求之制度事物識其大者而小者可遺以宋儒之義理歸之身體力行踐其實者而學者可略於其達而在上則達

言行政事均能斟酌而已今有稗實詞以窮而在下故經自無漢儒說曰以道習氣以窮理自無宋儒講學標榜習氣子謂子夏曰女為君子儒毋為小人儒如此庶乎君子矣余思輯漢儒近思錄專取漢人躬行實踐之語依近思錄分門別類使治經窮理兩途同歸於制行之身而免於門戶之爭又思輯漢唐以來學案申明通儒之學斷以外能涵於內修律身為主而所謂訓詁也語錄也特學中之支流而必千氣萬力耗精神於無用之地而使吾儒所以自課者所以教人者無以異於科舉之學淺陋

余非其人庶冀為存此志而辨耳

三十日晴仍涼爽

得鶴巢書楚寶來談呂庭芷前輩送奕秋詩一冊來

蘭駢館日記　壬辰三

閏六月初一日晴

復廉生書夜樂山商潤若以來過晦若不之許

初二日晴

琴友來談晚過琴友翰香在坐復八弟載之各一書

初三日晴

午後琴友來談夜過晦若得誼卿書

初四日雨甚涼

閱蘇詩竟日

初五日晴夜雨

昨夜耿耿不寐晨起即枕至巳正始醒午後得侯念椿書所寄管子即莫子偲所藏以本作宋本求售每卷前兩行均割去以掩其迹殊可厭也還之

初六日晴陰仍未解

作祭伯夫人文一篇得高陽書

初七日陰

送琴友行沈子梅洪翰香來午後吳執甫范回來雜談明日有指弁寄廉生書並寄一帖一函

初八日陰

侯佐寄書四種均不可留〻柳文一種而已鄧班卿來

初九日雨

過梅若略坐得九弟書

初十日陰

得八弟書寄玉海一部與先輩寫祭文訖夜甚涼仍浴

十一日晴

復九弟書

十二日晴

表敘〻来

十三日晴

內人為伯夫人諷經三日從俗例也晚陸宣来得棠山書

十四日晴

吴全父跦蓮池

十五日微雨

過范甯堂小坐

十六日陰甚熱

得鶴巢書

十七日陰
寄廉生書菁臣来

十八日晴
夜閨人驟患霍亂擾擾竟夕

十九日陰夜微雨
盛杏孫来

二十日晴
寄鶴巢書鞠耦已瘉

二十一日晴

濮子泉自浙來志仲魯自粵來

二十二日晴

朱伯平自都來午後楚寶過談甚久楚寶梅村弟子故論文眞

有招袛合肥姻戚中以為通人

二十三日晴

友山來得安圃書

二十四日雨

答友山

二十五日陰

寄安圃書
二十六日陰
白鏡江貽一冊乃蔣在墨筆花卉大兄以贈李墨緣者三十
年故物重逢不能割愛遂留之晚約楚寶來談
二十七日雨
曹居翰香來談
偶檢金匱閱之張機仲景舉孝廉建安中官長沙太守書亦名金
匱玉函經晉高平王叔和所編范史方術傳有郭玉華佗玉著鍼經
診脈法傳於世佗臨死出一卷書與獄吏吏不受佗舉火燒之仲景所著

晉人編之而范氏竟不著於方術傳中豈以其學不足傳抑其書至宋已不顯耶竊謂太史公作倉頡太倉公列傳以系醫學源流遂有深意班氏沿襲龍門獨刪去此類以為高簡而醫學之失矣藝文志引諺曰有病不治常得中醫此不知為劉子駿所引抑孟堅所撰於是子之於君文斷難較有病不治之說以自解而病之在本原者可以不治之之病之在外感者不治即死焉可據時諺而盡廢醫藥哉班氏誅該史例致西京一代倉公之外醫派不傳承祚乃於國志列華佗及其弟子吳普樊阿二人以遙接倉公一脈范史記東都一代自不能專以華佗了之甚矣其疏也近日醫道日陋合肥因中國之醫不足恃乃篤耆詳醫而詳

醫之入中國者技殊而精且外國長於瘍科而短於方藥其藥皆石
自外洋華人不知其性殊非慎重之道也

二十八日晴

閱汪梅村文集其集中與戴子高書云中西諸法渾淪莫測以南豐吳氏為指迷方震為我輩目睫吳楚以宛溪顧氏為醒心湯小學以高郵王氏為流脈禮儀史學以嘉定錢氏為青囊散文以桐城姚氏為長桑駢文以西溪萬氏為折肱王氏詩以新城王氏為岐黃而知其學力之大凡又答甘建侯書謂無益於學莫如說經無補於世莫如讀史經有十四則三禮毛詩為上春秋左氏次之史二十四則宋明為

要史漢三國晉五代次之又言胡文忠教人十書通鑑皇朝經世文編農政全書五禮通考紀效新書行水金鑑日知錄集釋通鑑錄方輿紀要張太岳集撫公某頭猶有武備志籌海圖編孫子十家注蓋公方經武備也之錚議學術十書曰宋元明儒學案學案小識漢學師承宋學淵源記洛學關閩四學編先正事略學人之綱領也擬以五代十國宋遼金元明六代為通紀分國政財賦文事及禮武備及畺事國政及職官輿地及水利河防為鄭注以詞令儀注道里六項年經月緯而時事附加以輿圖小注皆前人所未有也讀書必專於精此即東坡八面受敵法學者不必泥於課

說經就性之所近識大識小執一者之久必有獲

二十九日陰 紫竹林大雨 津微雨一陣而已

余向持論以為 國朝人之漢學大氐皆宋黃氏日抄王氏困學紀聞兩派而加詳耳可以傲明儒之弇陋不足以傲宋儒而項安世所著項氏家說則亦開 國朝經學之先其說易及詩旁通臚舉諸家即仲氏易所本也其說詩拈押韻疏密及字例重韻即顧江段王與阮雲臺之論詩韻所本也其說周禮九穀即程易疇九穀攷所本也其以說文說經即本朝諸家均不外此矣然則所謂漢學者正是宋人之漢學而漢之微言大義轉不如是耳

項氏又曰徐幹中論攷偽遺文二篇前篇誣郭林宗之徒周行郡
國刊報後學後篇誣徐孺子之徒游學四方千里會葬者也幹
為魏氏父子兄弟所敬禮見當時人士講說大率類此故魏氏之
興平文節義而為通人則徐之所願亦已見矣危飭賢于徐幹
遠矣至論漢之人物則意與韓同以韓棱陰助太守為當禁錮
終身以甘呈甫規上書入黨為當伏大辟亦謂范滂杜密徐穉
鄭憚皆為罪人文人率尚自忙而世難博文雅之人目以為當世
師表而海內乃皆尚名節以取赴壁之所不平因屈之說為名思
日志而速居士論以大辟則書節亦甫何其苛哉語殊速快

七月初一日晴

晨起剔蓍布卦得大有之睽

宋元嘉十三年文帝疾篤劉湛説司徒義康以檀道濟立功前朝威名甚重左右腹心並經百戰宮車一日晏駕不可復制義康因矯詔收之道濟見收憤怒目光如炬脫幘投地曰乃壞汝萬里長城其後魏人南牧帝復思之史亦深以道濟為冤案徐傳謝廢營陽時以道濟先朝舊將威服殿省且有兵衆乃召道濟以謀告之謝晦夜與其同宿道濟就寢便熟寐廢立大事以晦之處心積慮尚為悚動不眠誠天良之未盡澌滅而道濟處之坦然直是全無人心之禽

諸臣道濟引兵居前速殺之侍者傷少帝指扶之出閤皆道濟軍士為之謀每出於徐傅力則資於道濟料其謀逆之罪不啻趙盾之有趙穿司馬師之有賈充也討謝晦之役帝欲召道濟王曇首以為不可帝以道濟止於脅從本非創謀道濟至即據麾自任以來陳可禽對視諸暴徐傅預弒逆之罪若己無與焉者面詐背之不恤其後也且其愚也元凶既除從逆焉能苟免義康能云矯詔兄弟之仇不反兵所謂權而不失其正者武帝酖零陵距羨之弒營陽首尾不及三年天道可云不爽而道濟為宋大將視君如仇宜其不得良死安足當長城之目哉

初二日晴

復清卿書

初三日晴

得高陽書知赴醇邸園拂青伯平亦有書至夜晤莊楚寶

來談

初四日晴

復伯平書新吾自都來

初五日晴

張巽之自都來

初六日晴家忌

得筱荃文書

東漢之世矯節取名余所不喜如許武以二弟晏普未顯乃割產自取肥田廣宅奴婢強者鄉里皆稱弟克讓而鄙武以此並得選舉武乃以理產所增三倍悉推二弟夫使前之獨取厚產二弟皆知其意是一家通謀以欺鄉里而罔舉主也使晏普不知及其既得選舉乃自明以還之是武迫於以矯飾為沽名之說以釋二弟之疑也相率為偽與兄弟鬩牆者相去不能以寸耳趙元叔強通羊陟務欲求見因舉聲哭陟遂奇之與袁逢共薦及過候皇甫規門者不即通規追書謝

之偽王大頎一則冀其稱薦故動之以哭一則示其孤高故絶之以書
皆矯作也稱臣卑馥無非之餘風而不能先微以居標表祖父非
華陽皇甫規坎遊改目殺乎雕矣

初七日大雨如注

端午橋工部方濟至初六今乃董甫來新吾鎮之午後至晚載
之自滬來會弔留之夜飲雨小止去

津逮秘書收宋人題跋獨遺跋愧蓋未見其集也錄其跋王伯長
定武修禊序云定武本凡端流帶右天五字全者皆謂在薛紹彭
云前並不能知歲月之久近此律善本王順伯謂是熙寧前摹拓

于中山者為可貴近見畢少董所藏董氏語化閣本在為精好
目言為見時親在定武見青在本帶右天二字已闕壞大觀再見
之本舊所見無異則五字未必皆紹彭劇損也更當攷紹彭
在中山時歲月云近以五字損本五字不損本分二聚語殊亦未見
樓跋亦

初八日雨晚雨止放霽

伯夫人立主午後載之之姪子容茂才彭年來致廉生書
石淙詩關張昌宗易之名攷愧跋韋達之所藏此刻列武三思以下
十二人後有姓名殘缺者則二張之名劉削曾宋已然矣他日擬

以此跋錄于帖後以質攷證

余作莊子漆義取蘇說及荊公論之意以分別內外篇之旨矣

閱攻媿張正字莊子講義跋云大率採莊生之深旨以合之遺意意凡世人莫以為荒唐謬悠者皆推引以通乎大理之意意与余竟先後同揆張名興祖廣漢人興字文与余小有同亦一異也

初九日晴

碩廷來載之小坐即去

初十日晴雨相間夜大雨

書雲帆來談

十一日巳刻雨止晚乃大晴

是日合肥夫人之靈擬殯於北河漸浮橋之新宅以雨改期異義公羊說雨不克葬謂天子諸侯也卿大夫臣賤不能以雨止本朝諸儒如毛西河春秋傳孔氏公羊通義萬氏學春秋隨筆則皆援王制庶人縣封葬不為雨止之文在大夫士卻無冒雨而行之理況殯又輕於葬乎及改期已決巳刻乃雨止漸晴矣

十二日晴

復高陽書載之來談

十三日晴

得邊潤師書曉仲仲瑋來談以弟病狀解館南返卻之

十四日晴

巳刻黃臣來午後載之過談合肥治事日有恆課而吾輩讀書不能有恆詩文均無進境為可愧也以後當自努力歲月堂堂坐耗殊為可惜耳

十五日晴

王漢輔來送姪孫女回都也松孫以欲來署止之勞玉初邸敘卿同過談

十六日晴

戴之來久坐得仙蘅復書

十七日晴

午後至壯孫女舟中小坐寄日安圃及邊師書

漁洋十種唐詩選合唐殷璠河岳英靈集高仲武中興間氣集芮挺章國秀集元結篋中集失名搜玉集令狐楚御覽詩集姚合極玄集韋莊又玄集韋縠才調集及文粹古詩為十種諸家所選各有命意文粹以采入選唐詩蒐羅極博不名一格又非九種可比亦漁洋乃強而齊之近於削趾適屨截鶴續鳧

殊爲無謂。如殷選於姓名之下各有品題，仲武亦然，漁洋自應各從原品而加以標識，著所以去取之故，乃通體無一字之評，無一語之揚，令讀者莫測其揀選之奧妙，尤不可解。疑此書乃託名漁洋者，果漁洋，則可鄙極矣。

十八日晴

午後戴之叔姪來，子容將田南先行清冊至，則已將飯，辭之。侯念椿寄來蔣氏書目，美不勝收，索價萬金也。

十九日晴

檢點書籍，臨褚聖教數行，頗有所得。

二十日小雨夜大風

清卿來談得廉生兩書

二十一日晴乍涼

清卿索蕢幼公漢重詩作三絕與之寄書與誼卿料理蔣氏書力不能踐思擇一二以自娛

荊公之人之詩之文余已屢論之偶從書肆得蔡元鳳荊公年譜攷略於荊公被誣失實諸移祀辯駁殆盡並主李穆堂先生說以司馬溫公諫青苗書蘇明允辯奸論皆為偽作亦頗有證佐蓋其意猶以溫公君子為重故不能不以為偽造而荊公人

品始可附為君子，亦因不為此孤掌之鳴。自論青苗則穆堂元
鳳因不能不以為執拗，而以韓歐小蘇之說為是，天下無兩是之
說，三公是則荊公不是矣。然則荊公蓋為若此曰：然則所見者
小，以為可一縣而不可天下也。繼則人言藉藉，一改已即須去位，不可不
力持之，止此一念，以至群小競進，貽害無窮。蓋荊公原實為
而學為才不足以副之耳。神宗實亦有為之主，適當實亦有為
之時，用安石以行其專情，其所操之術不過如此，而所為老成者
又專以簡陋安靜為主，與安石更張枘鑿之不相入，荊公固非
而攻安石者亦未必是。及溫公作相，荊公之所行者或有成效，或

有流弊並民間久已相安乃取其法而盡更張之更張本不安靜而更張安民之更張以求安靜實則亦不安靜於是家家為病乃益譁矣荊與溫當分任其咎也穆堂不敢作溫公不免將移其詞而不如荊公之異於前段溫公之異於荊公皆私心也余所持此論因以論今日之政所謂土膏土礦洋貨因循以為是者皆溫公之類也所謂輪車鐵路搆厲鋪張而令國本人情於不顧者皆荊公之類也噫

二十二日陰午後始晴

前夕感寒昨夜臥不適晨興頹倦之甚酉刻戴之來小坐即

去夜各楚實來商明日送殯禮節
溫公涑水記聞據王照新志云元祐初修神宗實錄取引甚
多徐德占母事甚之也按記聞十六卷載蔡承禧言禧母及
妻皆非良家禧事其妻尤謹後婚妻皆以淫佚自出禧不
敢禁云云禧為魯直姊夫其妻即魯直與徐師川書所謂
八姊郎君者也安得謂其非良家而有遺行乎蔡景繁醜
詆之溫公直書之未免誣人閨閫修實錄時范黃晁張
皆預其列山谷見之必當駁正何憚隱其妻事而仍及其
母事乎疑明清之言不確否則不徒謗史直穢史矣

二十三日晴

送伯夫人殯暫停於防軍公所內人歐吐作冷勉彊彊成成禮而歸

仲彭伴靈

二十四日晴

吳玉君秀才來慎生之族姪（名瑞熙）清卿許其薦北洋者實未薦也

寒士謀食貿貿然可鄙亦可閔也為言於合肥資遣之

二十五日陰

得吳壯猷書（潞河潘正衢與何六福堂同居）夜仲璋來話

二十六日晴

載之來談午後張巽之來辭行

二十七日晴

夜容民來小坐同過晦若談不暢饜飫而返

二十八日晴

趙少屏詒琦來見陸之子也赴處州

二十九日晴

買李竹懶六研齋筆記三種紫桃軒雜綴兩種皆抄本也

三十日晴

與合肥商去任合肥不願其去婉留之力不能踈情不可卻殊

帳並也

六研齋二筆云曹縣張黃坡名庚為襄城令改築衙宇掘地得銀杷杯二上刻孔明佳玩四字後其家鎔以輸官銀槪傳之碎不愛鎔而碎余謂此贋說也孔明佳玩四字即非漢時語以此推之亦相如犢鼻洪崖幞頭之比耳

又烏須髮方用豬板油一斤蜂蜜一斤核桃肉一斤好茶葉一盞共搗碎和合用錫瓶盛之於飯甑上蒸熟每早匙取少許化開水中服之三月鬢髮無不黑者此方上平淡無奇不致有大礙但油蜜着錫瓶中三月恐不能食矣

八月初一日晴

璦楚琢孝廉珩來謁集賢生徒也晚翰香辭赴蕪湖

初二日晴

閱二程遺書朱子記云二先生記其所見聞答問之書也始諸公各自爲書先生沒顧以己意私竊竄易家有先人舊藏皆著當時記錄主名語意相承首尾通貫蓋未更後人之手故其書最爲精善後益以類訪求得凡二十五篇因稍以所聞歲月先後第其次書篇目皆因其舊而又別爲之錄如此以見分別次序之所以然者後附錄一卷則行狀墓表之類也此本爲呂氏寶誥堂

刊本藏書家以為佳刻
今之學者歧而為三能文者謂之文士談經者泥為講師惟知道者乃儒學也見卷六余按談經能文四科之文學該之知道則德行也古之學者造詣各有淺深遂以儒分為八耳
伊川先生云漢儒近似者三人董仲舒大毛公揚雄見卷三不知伊川與子雲何所取豈以法言耶游定夫錄明道語則云揚子於出處之際不能無過光武之興使雄不死能免誅乎古之所謂言遜者迫不得已如劇秦美新之類非得已者乎此說救伊川為正光武朝表章不仕莽者而仕莽者亦頗爾高江莽大夫亦未必見誅經儒者出處豈宜如

此首且立言豈宜如此謬妄作劉泰美新詩其心固已死矣
初三日晴
朱雲甫編修來歸昨夕得靡生書并寄聚珍三種劉彭
城強祠部集及周髀算經也明日適有漕舟作書復之文
得安圃書云以一歲又得侯念椿來書有宋本新唐書顧千
里手校本佳不能得也
閱秦淮海集蘇門四學士如淮海者向特以詞人目之及讀其財用策
兩篇所見乃超出宋人熙豐元祐諸公之表其上議新法也而其末云
今國家北有抗衡之虜西有假息之羌中有大河之費公私窘

急可為寒心然亡人臣揚榷斂散以究盈虛以濟用度之秋也而恥用財用之事迷晉人而已矣晉人王衍者口不言錢而指以為阿堵物臣竊笑之以為此乃姦人故為矯亢盜虛名於暗世也何則使顏閔言錢不害為君子盜跖呼阿堵物豈免為小人哉晉人尚清談而廢實務大氐類此昔管仲道輕重之權范蠡計然之策蕭何漕關中之粟財利之臣也東郭咸陽之鬻鹽孔僅之冶鑄桑宏羊之均輸亦財利之臣也士大夫言財則有如東郭咸陽孔僅桑宏羊所為也則不可有如管仲范蠡蕭何之所為也亦惡乎而不可哉然不甚取溫公一派其文雖不及畢西堂然議論識力

沾溉於子瞻者不淺矣

初四日晴午後陰

有楫舟入都寄安圃廉生書又作孫三一帋

瀛奎律髓余有英瑞草重校本旋得紀文達評本文達之言曰文人無行至方虛谷而極周草窗之所記不忍卒讀之至其論詩之與一曰黨援堅持一祖三宗之說一字一句莫敢異議一曰攀附元祐之正人洛閩之道學不論其詩之工拙一槩引之以自重一曰矯激詞以富貴則排斥之加以話類幽棲則吹噓備至甚且直說托清高以自掩其穢行凡此數端皆足以疑誤後生瞀亂詩學不可

未經加刊正海虞馮氏嘗有批本曾於明人姚考功左垣家借閱頗厭虞
谷左袒西江二馮又左袒晚唐彼此相激負氣詬爭遂併其精確之
論無不深文以詆之矯枉過正亦未免轉惑後人因於昨日細為點
勘別白是非命曰瀛奎律髓刊誤方氏之偏馮氏之激咸庶乎
其免耳文達以校四庫書不暇專意於詩而論詩極為深遠
余學蘇而蘇之七歌未敢以為精純觀文達之論亦云蘇詩太
粗豪於七王是大必為女患悔臣屢屢迴護精近浮移実此評不主
晚唐亦不主西江學詩者可以為法
學杜須從義山入半山說也學杜須從山谷入虛谷說也文達主半山

而不以屋谷蘇盤余遂服膺此語

初五日晴

昨夜得沈丹曾書先是丹曾過津欲為余及伯潛聯朱陳之好言之再三余以兒子頑鈍且恐伯潛叔於其鄉議未敢輕聞名也丹曾力任之至是書來報允以舊交而成姻好從此昏嫁頗了處可作禽向之游乎伯潛有來津意作電詢之

閱初月樓古文緒論呂月滄述吳仲倫語也呂君璜吳君德旋其論桐城三家極推姚惜抱乃悟學桐城者惡苟乾嘉各家均有識然亦有過當者如袁簡齋文不如其小說朱竹垞敘事文殺識論為優但少風韻之

類是也竹垞不循八家之轍學明淵懿議論風韻均佳惜不選劇一番使人讀放澄之體闌入散文中遂為古文家所擯隨園小說家下乘其文儘有佳處非劉姚所能到不必強合之也

史記如海無所不包亦無所不有古文大家未有不得力於此者韓文擬之若江河耳　古文善用疎莫如史記後之善學者莫如昌黎看韓文濃郁處皆能疎柳州則有不能疎者　史記於左傳長篇改用四五語敘過一句是其妙處須知賢而不僅以其敘得等如道家常所以為高耳　昨三則論史記而又曰歸震川似史記豈震川勝韓柳乎震川亦免小說氣才學識均平平之上無二千年來供其敘

述豈能於龍門肩背乎

初六日雨意油然沈陰竟日

仲彭回署將南行也得戴之及八弟書

初七日雨

午後過仲彭少談夜仲韓過齋中小坐朱祥撤回

初八日晴

贊虞來遣王升回里經理祖墓一切

初九日陰

至防軍公所一行復八弟戴之及柳質卿書

初十日晴

鞠耦自昨日赴伯夫人靈前歸徹夜不寐孕甫五月忽盜漏血延醫吳江鐵星山孝廉鍾岐常州陳鞠生劉雨人兩茂才及李誠甫同診陳名廷儒劉名鶚李名沐仁後察之非孕也積之甚及半年

十一日晴

內人病未愈中酉間煩急入夜少平

十二日晴

內人病稍愈得正孺書

十三日晴

内人病如昨

十四日晴

内人病已。晚仲璋來話

十五日晴。夜月色時明時暗

有差弁入都，寄復已儒書，並以脩敬山鶴巢。夜不成寐

閱徐靈胎醫學八種，頗有所得，惜老矣，不能從事於斯

良相良醫內不易為也。待澗眉子歙研一方

靈胎篤信神農本草，按漢書引本草方術，而藝文志闕載，賈

公彥引中經簿有子儀本草經一卷，不言出於神農，至隋經籍

志始載神農本艸經三卷與今分上中下三品者相合孫淵如偕其從子馮翼從大觀本草輯正之記曰醫不三世不服其藥鄭康成曰慎物齊也孔沖遠引舊說云三世者一曰黃帝鍼灸二曰神農本草三曰素女脈訣康成周禮注云五藥草木蟲石穀也其治合之齊則存乎神農子儀之術竊疑舊說以素女脈訣爲一世恐不足據當是世官之意也如士之子恒爲士農之子恒爲農

十六日晨晴午後陰

寄九弟書商治家祠祭器夜有所感不能成寐是日得高陽復緘論合肥贈公專祠立傳謝恩事

侯朝宗有金陵贈范司馬六古一章賈靜子閑宗曰崇正十一年景文為南司馬是歲相楊嗣昌太子中允黃道周論之下吏御史成勇救道周并逮勇景文會諸公卿申救不得去位十五年赴召抵燕京陷死之按侯子己卯在金陵是時景文亦以司馬去位寓金陵而贈之也徐恭士作譜曰崇正三年景文佐司馬駐通州侯子父司徒公佐司馬鎮昌平五年景文去司徒并適以代之与景文素善九年司徒為溫體仁薛國觀所忌下獄久不解景文蓋嘗營救之也寓金陵及營救侯司徒范文忠集似未詳姑記於此

讀楊子法言宋人所以尊楊子者以其漢儒能論名理与宋人學

關相近至漢公之懿稱之謂自周公以來所未有勤勞過于衡
上以為危行言孫孫則有之所謂寐莫擾關清澤符命亦
危行耶直不可解也雄本文人罔知名節即言理亦極平淺
法言何足以擬論語所述其辭賦之習華辭而已其稱史公
為實錄又曰聖人有取而獨之以愛奇亦非史公微指及歷論
名傳舉以三五語一二字該之自謂簡妙實則皮毛之見不足
以明史公之深也語之推崇孔子雖人使以為明聖道正其義於
藏拙處耳云制律不如宏恭草奏不如陳湯以大儒而為官者
殺蕭望之陳並稱知其全無分曉也

十七日晴

得家書

十八日晴

黃秦生自鄂來留之便飯始去午後得戴之書

十九日晴

秦生來談買宋學士道古堂集余篋中集部最少

二十日晴

鞠耦病愈章煥之來談午後蔣性甫太史來見名式瑆與允言同年

廉生從子之丙兄西田人也其胞叔祖駃倫與 先人己卯同年官宛縣

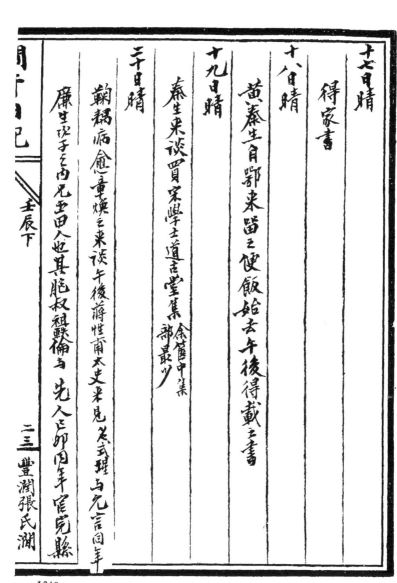

教諭復王初書（王初爲錄范文忠遺墨去，托跋來）夜得排發一緘

二十日晴

得康生復書，寄宋鳳墅石刻稧圖來，以二金得之，鞠耦酷嗜蘭亭，得此頗可喜，勝以明益藩重刻稧圖則八金矣

賈彭元抄千金方一部，價六金（日本人所影抄）

樂山書來，欲設灤陽鎮，或添練河屯，協兩營之處爲酌定古北口練軍常駐蘆台、熱河地面，遼闊，腹背單寒，非設總兵不可，僅練兩營，乃因陋就簡之計，恐合肥尚不以爲然，以餉無所出耳

甚邊海並重，平時專重海防，及有戰事，又須和議，此何策也

思之可笑

二十二日晴

季和以迴避其姊婿大理近劾所歉山中樞府之所忌恨由副憲左遷之也銕香亦以同時建言諸臣零落殆盡矣

二十三日晴

永寶估郭劉二姓來留道因碑一本永義堂三字尚完據稱宋拓索二百金文六如衡山兩圖西涯兩卷價均甚昂堅翼齋頭而去姑以之消遣半日張蔡之為政薛曜封祀壇碑不及石淙詩序之清爽矣鏡汝來小坐序刻

二十四日晴
陸蔚廷自粵來午後答之二一年已留一日閩人竟不能當可慨也

二十五日晴
寄九弟書蓍青衫寄蘇酒亭記來
閱陸清獻年譜先生論漢書之失有云儒林傳敘易獨詳而於
毛詩春秋三傳甚略毛公及公羊穀梁子皆不載其名及其授受
尚書自伏生以上亦絕不知其授受余夙論如此不意先生之見先
言之近日動謂道學家空疎殊未然也彼據家護前之見太
重處處推為漢學於班氏語之據為典要不知其書乃據於

而成於經學並未入明故言之疏漏太合史記儒林寥寥之郤當時博士具官均已全列矣不若班之紊雜也別有儒林傳付述詳之

陽明之功本不必以講學重苟既有陽明之功坐言起行議者亦自可寬假乃為王學攻湯文正固屬損之太過潤主學攻清獻則又饒之太嚴者客氣也應潛齋曰陽明之功譎而不正詭遇獲禽耳曰陽明自少馳馬試劍稍學無師而堅於自用於一代名臣從欲刺譏亦難深文周內趨非與人為善之旨然如此而推為程朱入室弟子無怪愈精愈迂空談心性而不知世事矣

三魚堂有致谷老師霖蒼先生書二札年譜先生以順治十三年
補博士弟子員時谷公爲樸學也教以曹之識何義門爲不倖矣
而邑志遺之 西堂來入謏小錄六注之適閱禮

二十六日晴

寄張巽之王廉生書以望海亭記寄允言晚日讀戴之函書

均論買書事

二十七日晴

復戴之書午後賈臣來話

閱亭林遺書真亭林詩頗得杜意文亦不俗品學俱第一流故也

郡縣論九篇言之反復鄭重不免迂闊難以轉述儒無
蓋招人之詬病以此知立言之不易

二十八日陰

寄九弟書士周來談携戴子輝前輩書一緘午後閱
舊拓一二種若詩若文若書法近稍有悟境而不能如少年
之精專心緒筋力均之蹉跎半世一事無成如何如何

二十九日晴

寄鶴巢書

得鄒道鄉集乃道光間刊本李申耆任校刊而刪節外紀入年譜

中究不如依舊本全刻為是也撫振綺堂有宋刊本惜刻時僅據明
萬厤本耳外紀乃道鄉裔孫忠元所作萬厤本始有之刪尚無礙

三十日晴
吳貢臣來時方恭釗之到吳將卸道篆也申刻劉雨人秀才
來晚得樂山及八弟書
買得朱休度壺山吟稿朱字介裴官廣靈知縣秀水朱稼翁之族孫
也其從鴻謂其詩貌近宋金而晚律之細足入老杜之室鴻著有杜
詩雙聲疊韻表即本之介裴故介裴亦以雙聲疊韻為詩並論
格則不甚高

九月初一日晴

復樂山書永詩由都来晚約仲璋来話玉初書至

以藝文類聚大字本復校引管數十條此王氏原本也夜檢褚聖

教鴈塔三本兩明本一翻本一劉燕庭細勘一過鴈塔定在同州之上以

同州爲佳者買皮相之見也

玉聨新志石本叙蒼舒雍人也与山谷游從尤妙於筆札家蓄

圖畫甚富文潞公帥長安從之借所藏褚遂良聖教序

墨蹟一觀潞公愛玩不已因令子弟臨一本休日宴寮屬出二

本令坐客別之客盛稱公者爲真反以才叔所收爲僞才叔不

出一楮以難但箋啟懋公曰今日方知蒼鶻孤寒懋公大哂坐客報盤據以尉猪之墨蹟北宋猶存惜懋公不泐石作別本而徒貽一贗迹也並今日果得文氏臨本亦瓌寶矣

初二 晴

袁偉庭書來薦梁如諧者留意製造為余見之香山人字孟亭三十二歲從陳副憲蘭彬出洋云云陳已逝矣午後永詩來談李鐵甫為同人一診脈甚細曹臣來訪得安圃書明日有摺并復之並寄還退思義堂額帖

雨冊

閱長短經校畢別有序者借宋本已經校改讀兩本也恐不盡可據矣

初三日晴

午後復吳誼卿書又復八弟一函時弟有卸當陽之說

初四日晴

午後吊唐景星復趙菁衫書閱癸巳類稿一冊

陳定九鼎東林列傳用意甚闊激勸而體例殊未盡善其從祀宜附列傳之後東林黨籍自龜山有宋諸臣止須撮敘列為首卷亦屬無謂其中本非東林而忠正者則進之本東林而晚節不終者則去之殊涉袒護至流為二氏如熊開元姜埰方以智輩因老而為僧亦一概不入尤屬無理二子之為僧

不徒雜髮冒衣冠也較殉節者次一等則可豈得謂之攻異端乎余作漢黨錮唐牛李宋元祐二表以慶元黨禁東林列傳均有成書不佞屬意今略一繙閱乃偏激若此似宜重為補正以存其實蓋當日東林聲氣太廣賢愚不免雜糅無所用其迴護錄正人以見東林之實有根柢錄偽士以見吾道之未許攀援斯則勸懲並寓揚激兼施庶為公論耳

七錄者天鑒一雷平二同志三雜裨四點將五蠅蚋六蝗蝻七或百餘人或二三百人或多至五百餘人與東林黨人榜並放

當有所觀余僅有點勘一錄耳

初五日晴

樊介軒自浙來午後得伯潛書寄左海集一部印作三分復之

寄樂山書論幕友事

閱黃禪浦集有書管子後三章於仲本甚滿意而公年五十五

還山守墓以前疏批旨有留串之語乃於石蓑山中堊廬之上別

補數椽左曰十笏軒肆閒征四真曰篠葛曰鄭董子產廣川曰吳鄭季札琳深

曰晏丙平仲丙吉曰張李留侯鄴侯曰黃王叔度文中曰田羊田疇羊子曰疏龔廣節日

曰蕭閔望之子騫曰鄒皇鄒原皇甫謐曰申阮申屠蟠阮孝緒曰梅張梅福張衡曰周

沈周盤沈麟士凡二十六人右日九章閻薛間徐賈宜曰屈賈曰曾李

仲連太白曰屈王叔殷頲曰劉韓白柳愈曰汲魏長孺鄭公曰黃張黃霸乖崖曰五

馬第五倫馬賓王曰葛蘇葛亮蘇頌曰許李綱安曰王白右軍畢夫曰陸蘇宣公眉山

曰宋范宋璟文正曰裴韓晉公魏公曰張趙曲江清獻曰李馬李綽溫公凡二

十人又以管仲居首並五十六人之不甚相類皆自別有取意

不敢妄議惟以嚴旨申諭衆以為其野時姑究屬非宜此等處

皆不免稍涉意氣耳此本乃陳恭甫所輯

初六日晨起微霧旋晴

巳刻介軒復來留之便飯粗具雞黍而已飯後送之登舟至經

堂一轉而廷寄蔚廷一書

初七日陰微雨

昨得秦生書借礮艇其姊婿王貞女過門將還鄂渚也作一函交艇弁午後為陳先牧賦一篇艱澀之至

張文潛柯山集讀唐書四首其論裴晉公李衛公以晉公中和衛公矜才快意故安危不同時亦屢世有得之言並以晉公屢官者劉承偕長流衛公誅郭誼為說則不甚相類夫劉承偕有寵于母后而劉悟以兵監軍積侮為言乎將本末不至於死也斬之則傷母后之意流之則足安藩鎮之心是亦

豈矣洗度先請斬臣云不能斬劉流之速逆端憲宗之從不
斬而能存流也其在度特無甚關係之事不足以當之于
生平準滅乃武宗衛公君臣一生作用衛公云劉稹小子安
知友誼推敬之而終賣稹以求生平輒之當藩鎮積重
之後不赦稹則是以杜子弟自為留後之風不赦誼則是以將絡
佐相助為唐之疑衛公樣之憑矣以為求名而殺之張一孔之
論也猶牛僧孺同劉從諫誠而歎衛公搆成其往來之
迹追非抵牒報捷稍失雅意然當日有無往來亡難以決
要之晉公遇文宗故見忠禮不替衛公遇宣宗故見讒構加

氣運為之不關其處李之秋有刻也猶如公於官者怕不敢

稍示懲創豈見於時貪李之橫矣

初八日晴

摺弁回得廉生以書翼北寄李字元押一枚閣書衣七方

歐陽通師相武后月餘以張嘉福請立武三思為太子通与岑

長倩固執不可遂忤諸武為酷吏所陷被誅其忠於唐室不

愧世臣為不入宰輔傳而附之率更傳後事實寡之新舊一

撤忠義為者及所撿歐陽公與宋子京之史何亦可議矣

舊傳通少孤母徐氏教之父書每遺通錢給云贖汝父

書迹之直通墓名甚銳晝夜精力無倦遂至於詢新書則云毋徐敖以父老懼其墮書賣錢使而父遺迹遁乃刻意臨倣以求售數年業至於詢田舊史之說猶能言父書可售錢以榮其子肆其年於新書所云則先賣詢之書以取利後仿詢之跡以誑人此母子竟是販賣偽書畫手段何足稱為賢母者子乎不知何所據也因閱道因碑偶駁正之

初九日晴

攻賦兩篇

初十日晴

至防軍公所小坐，聊以遣閑。晚與仲韜少談。
閱遜志齋集，乃康熙間淮南俞氏本也。燕世子仁厚，庶弟高煦
狡譎有寵，嘗欲奪嫡，正學謀以計間之，白帝遣張安賜世子
璽書，世子不啟封，並安送燕王。此計可云迂拙，年譜載之，明史
即據之作傳，余以為遜國諸臣事實被三楊刪削殆盡，此
必非其實也。譜於俞錄以後事蓋稱之，而傳則云方氏客臣
偽言於官，不知俞氏於康熙間刻書何尚沿其謬誤。孫詒讓
家有三十卷本，為圖門之世所纂者，編次迥殊，惜不可得見耳。
之正學一代孤忠，未能稍有展布，並其欲以周禮六官之三

說恐亦不足信耳

十一日晴

合肥云仲良引疾又賞假聞孝達有請覲之說永詩來話

借蘇子由古史錄其管仲傳一篇古史直不足取更遜鄭之作通

志皆宋人之謬也

十二日晴

孫慕韓自浙入都少談欲往答之以冊在大王莊不果得九弟書

閱後燗並夜慕韓贈武林掌故叢編十四函乃杭州丁氏所刊丁氏頗

有藏書惜所刊有井書隨之見不足与鮑綠飲作僕隸也亟冊一談並

晤仲璵特已泊吳楚公所後滙矣戌正回署

十三日晴

伯行由日本回至經堂唁之湯伯述曹藎臣來話

十四日陰

晚伯行來談得高陽書

十五日晴

寄廉生書交差弁吳蕢臣來談河工薄莫秦罟來迎其婿信

成聘室王貞女過門守志舟泊錢橋下夜步村登舟答之

十六日晴

鄧班卿午後來話

留秦生午飯寄本甫復書以二十金寄吳壯孫以二十元詒貞女

晚陳容民來談劉義自粵來得九弟書

十七日陰

午後李芍農前輩過談晦若亦來坐至一時許無甚要語

蓋芍公素性如此秦生乘輪南下夜挑鐙獨坐不覺惘然

十八日陰

往答芍農學使小坐即詣伯平奉其太夫人來津午前過我答

之未值夜作復高陽書論畿輔水患宜疏通海口

十九日晴

伯平來談得樂山書復九弟書後午後不能穩卧閲檢舊書

聊以破悶

二十日晴

夜閲宋學士集景濂之文雍容渾穆為有明開國文臣之

首年六十八致仕而歸可云進退禮義矣乃因其孫慎陷入胡

黨太祖欲置之死地賴馬后懿文營救始得遠徙茂州竟

卒於夔去致仕僅四年耳使其遽息不出庸知不如青田

輩之竟被刑章臣湛證之仕宦實為畏途子陵之不仕光

武非無見也

二十日晴

楊修仰卸西窗回幕

魏收北魏書當時目為穢史 據要於北史收傳所詆各節一一均為辯證謂平心而論未甚遠於是非即北史收傳論亦云勒成魏籍婉而有章繁而不蕪志存實錄接史通最指斥魏書今具錄之題目篇云魏世鄰國編於魏史者於其人姓名之上又列之以邦域申之以職官至如江東帝主則云僭晉司馬叡島夷劉裕河西酋長則云私署涼州牧張寔私署涼王李暠可謂滋章之甚采撰篇云沈氏著書好誣先代而收黨附北朝

尤甚南國逆臣馬叡出於牛金劉駿上淫路氏可謂助桀為虐華
人之災斷限篇云堂附本朝後為前作遂乃南籠典午北吞諸
偽以於群盜盡入傳中但當有晉元明之時中原秦趙之代元氏
膜拜稽首自同臣妾而反列之於傳何厚顏之甚耶雜說中云
劉氏獻女請和太武以師婚不許此尤可怪何者江左皇族水鄉
庶姓若司馬劉蕭韓王或出於亡命或起自俘囚一詣桑乾
皆成禁臠此皆魏史自述非他國所傳北之重南其禮如此
安有屋已求昏疑而不納其寵漢不亦甚哉曲筆篇云魏收
高自標舉為其臣多而李氏齊書稱為實錄者何也蓋以重

規李百藥字也考宋遂伯起以公輔相加字出大名李同元數院無法
求報故盧美相酬然必謂指公知禮者不信也語曰明月為賊敵
所可服收之勸之杭辭不撓可以方駕古人而魏收指論激揚稱
其有懟正直不彰其罪而雜肆其誅蓋由君憾者作不隱恥若
當時或有假手史臣以成私門之恥者然何至恨其人之甚乎
其他以之指摘不一而足蓋知幾之於佛助直謀忍而痛絕之然大
致慇其重北輕南知幾彭城人不免畛畦未能也夫南指北為索
虜則北必斥南為島夷南北諸史都不能免此惡習何獨痛
詆佛助史通議論縱橫微傷憤激此亦其不平之一端歟

二十六日陰

王福自籍來琴生舊僕錄之籍中　伯平伯行均來談

張南軒集論溫嶠得失謂其絕裾而行將毋命莫無他人其意不過以江左將興奉檄勸進儌倖投富貴之機趁功名之會耳此論甚韙嶠蓋功名之士觀其全傳初則稱王導為夷吾繼則推庾亮為盟主平蘇峻之後推奉陶侃其謀發於嶠之從弟充侃未歸下嶠遣使謂之曰仁公且守僕當先下書已二日賴毛寶說之嶠始改書所以然者以庾亮有權耳此豈乃心君國所為哉至其絕裾而南則非徒趁功名之會亦甚有避禍害之

心其時勢已失勢依違正確嶠榮其不能有所必為正確所
害故藉此自脫若請於朝亦非識意對藉之自解耳蓋其人
總有機智不獨王敦錢鳳在其算中即王導于庾亮陶侃亦
在其度內嶠稱錢鳳世儀精神滿腹可以移為嶠之傳贊
稜受如此豈待然犀燭怪於私扂不俟永年哉觀陶桓
公表稱其忠誠著於聲色勛義感乎人神似余說為過
刻然此表正是譏之持人以謀至於太真之赴國難大氐推
崇庾亮之意居多觀其數戰皆北使非元實有謀以保
前盟之雖濟諡登冊何益哉

于艸堂石影

二十三日陰

昨夜內子又病晨赴延醫診治擾擾竟日

二十四日晴

得載之書知已回上海因子病較昨日略平尚未痊可也夜不成寐廉生有書論道因碑

二十五日晴

南中寄新蟹與命肥持螯共酌薄醉解愁俊卿來談

二十六日晴

永甫來內人病痊心境略暢

二十七日陰

復康生書高惕請假以前書卜之似有感冒馳牋候之夜

得渠山一緊

二十八日晴

渠山僕任慶至附復渠山書

二十九日晴

有摺弁入都復鶴巢書

十月初一日晴

鞠耦大愈李怡庭杜心垣自南致書怙來午後陸伯灃

世泰自都來謁月湖師之從子也得宗戴之書

得黃蕘圃舊藏影宋管子抄本十二卷以下黃氏補抄黃、元本千家

注杜杭堇浦續禮記集說抄本明初刻貝清江集四十卷

足本 萬歷刊本三卷康熙桐鄉金氏刊本十三卷其本有天台徐一夔序乃其子翱編刻者邵目僅許氏有四十卷抄本不多覯

也 金刻亦足本邵注誤也

初二日陰作雪未成

郭筠東以家庖甚美獻於合肥招余及官堂晦若與諸子孫輩同嘗之大致效隨園食單有意出奇非真知味者坐無酒人陶然自酌之半醉矣

初三日雨

陸伯澧來談

初四日雨甚大

李杜朱議書價擬全取之得秦生霍貞女到鄂婦姑相安

長吉之詩杜樊川敘之謂使賀且未死少加以理奴僕命騷可也

劉須谿駁之謂樊川反復稱道非不極至獨惜理不及騷不知賀所長正在理外董伯音亦云長吉詩深在情不在辭奇在空不在色至謂其理不及則又非矣詩者緣情之所非談理之書顯而言理則有理幽而言理則有害不必依於理而不能自已於情之所之則為詩如以理為詩直名為易系之稗不得名為詩騷矣夫關大歌風之十五國若律之以理所存者蓋寡如以君臣理亂激發人意疑賀無有則呆官體謠黃家洞猛虎行呂將軍榮華樂假龍吟龍夜吟數十篇皆隱約諷喻指切當世惟讀者之不深味不能知之矣此皆推尊昌谷太過且亦未喻樊川之語意也王琦琢崖摘駁須溪

引宋潛溪之說謂之醉翁寱語而於長吉精神樊川評騭亦未之
解樊川精於詩所謂理者即老杜熟精文選理之理奴僕命騷乃
世人推許之論杜則云蓋騷之苗裔理雖未及辭則過之是杜已就
世之說長吉者翻進一層謂其理不及騷而辭已過騷推崇如此尚
有疑於樊川之不足長吉耶夫長吉之詩從騷得法而理不及騷
者事為之境為之時代為之此天限長吉耳不足為長吉病
余篋中有王琢崖及姚　協律鉤元本姚以各本彙集目附之
意故曰鉤元並所見尚未盡愜擬暇日一評點之與所評長吉
玉谿詩合為一編然亦未暇耳

初五日晴

約楚寶來談

閱劉孟塗集亦桐城派也有與儀徵相公論文書大致以儀徵不敢望溪因言震川熟史漢學歐曾而時執太精不能不囿於八家望溪之辭與震川同並至大體雅正可以楷模後學不得不推為一代之正宗學史漢者由八家而入學八家者由震川望溪而入則不誤於所向並不可以律非常絕特之才必也以漢人之氣體運八家之成法本之以六經參之以周末諸子則所謂爭美古人者庶幾其有在焉蓋以媚儀徵也其論駢體也云駢中無散則氣壅而難疏散中無

駢則靡，孤而易竭。與余持論相合。並觀其散文，才氣縱橫，而失之理不卓，骨不堅。駢體亦互意矯俗，目以為敢，注離騷，實則淮南抱朴一派，亦嫌未能遒健。所謂駢中之散，近於弱；散中之駢，近於浮蓋。欲改鑿溪之薄弱，而多用駢以驕其氣，而不知其筋脉之相掌為病也。姚姬傳稱其文命意遣詞俱善，惜少微妙語，鄉之文一脉歷不斷絕，殆指其少作而言。觀其陸沆文集，其即竊取古文辭類纂議論，以先秦諸子六經裝點門面而已，實未能有所心得也。觀其致韓桂舲、陳笠颿、曾賓谷書，均未聞而言道，於江湖游客之派，汪文錯舉昌黎上時相書，而居之不疑，若是則

惜抱所不屑為者矣

初六日晴

伯澐回都志仲魯以道員分發江蘇來見即乘輪南

下矣

穀人祭酒以駢文著詩亦有聲蒲褐山房詩話稱其詩才超逸繼

朱查杭厲之後隱然以浙派自立覃谿先生之序獨曰予之望君以

少陵而他人之知君者自以樊榭並樊榭一生精力多在南宋而以鐵

厓樂府神趣行之夫鐵厓不及道園而以樊榭與鐵厓較量已露

草窗之跡則何也詩家之韻味與詞家之研鍊途不同也無他

仍在杜之派耳杜非貌似之謂也義山以移宮換羽為學杜是真杜

也山谷以逆筆為學杜是真杜也又云讀杜者鑿之則無執守之

則泥非徹之百篇以下究通之致者不可以讀杜非歷宋元以來諸家

之利病者不可以學杜此不佞之秘也君其笑而許我否余謂覃谿

論樊榭當矣其由虞黃入杜是覃溪詩境與數人無涉癸酉

詩才筆不雄其樊榭尚遜有效老杜諸詩五首如咿呼風雨空

拳搏地赫天荊戰骨橫入穴以時其腹竹據橋有時獨橫亦不免

失之摧殘頹碎亦未涉杜藩籬也至則覃谿之蘀石似屬過

情即蘭褐山房之品亦非汝南空評耳浙派中如竹垞樊榭

各有獨到處未易梅鄉者也

初七日 晴

張小船崔琴友來琴友自南今年歸至鞠耦之病小有反復悶甚

夜不成寐

至正直記載虞邵庵之論云一代之興必有一代之絕藝足稱於後世者漢之文章唐之律詩宋之道學國朝之今樂府亦關於氣數音律之盛其所謂雜劇者雖曰本于梨園之戲中間多以古史編成包含諷諫無中生有有深意焉是亦不失為美刺之一端也按此論出於邵庵恐未必確即以文論元之今樂府不足與漢文唐詩宋

道學語乎直是謬說此何關於一代之氣運哉余謂一代之興必
有一代之絕勝獨至屢不在文章之末也漢之興以法律唐之興
以政典宋之興以禮教元之振古鑠今實以武功觀俄國至今強
盛如此而當日並入版圖可云武矣至於漢之經術宋之道學
則與晉之清談同為一時之風氣謂漢以經術治以經術亂
宋以道學存以道學亡此皆文人之臆為之說不值一哂也且經術明
則能多通儒道學盛則能多正士其人心風俗自有相持於不
敝者所以享國久長非若祖尚浮虛之再傳即亂是亦與世運
頗有關係若元之曲則有何關係乎疑孔行素之於撰說之

郘庵耳直記多猥褻語甚至斥姝續娶孀婦生妳是絕惡底詞 劉於蕭張安人也

初八日晴晨有風

借宋本周禮五冊欲以蕘翁請本對校未暇也晚得宗甥電八弟因服涼藥病危甚急万狀馳電載之赴富以備不虞

初九日晴

晚琴友來談詠詩自保定來

初十日晴

得滬電八弟病稍愈載之十一日由滬赴富陽合肥幕中延黃介臣孝廉祖戴乙亥舉人乃松泉編修之從弟也許栝

及汪柳門所薦耳

十一日晴

得吳誼卿書復高陽廉生書

十二日風晴

杏孫來午後晦若約談少坐即返

十三日晴

張紹華來以陸伯澧屬之

十四日晴

寄都中雲舫蔚廷廉生鶴巢書李杜之便也

十五日晴

仲彭由合肥回，往返兩月，得孝達書論鑄政

于艸堂石影

十六日陰

於蘭駢之西屋安牀位置略備以北宋婺源本周禮校嘉靖

本

于艸堂石影

十七日陰

得洪翰香章頌氏劉巖夫書

于忖堂石影

十八日陰

劉映藜來永詩之弟也欲另明倦嬾而止

十九日陰

袁啟之來得九弟書復戴夫翰香頌民各一緘得戴之電八

弟巳舜卿富陽又生一女十四日亥刻慶姬所出

二十日陰

九弟寄祭罷一箱來作書復之李仲仙觀察來入都候簡

也

于艸堂石影

二十一日陰

介軒寄九曜石拓本來並得高陽書夜得都電允言又舉一

男

二十二日陰有風

永詩來馮仲治由河南還都過此時服去關毛荔孫來自都

門

二十三日陰

過永詩其女為允燮之婦出見躁妥將返都也閱甚夜被酒

校周礼一卷

二十四日晴

復高陽書

二十五日晴天氣稍和

杏蓀來論孝達鐵廠事校周禮兩卷

二十六日晴

夜復介軒慕韓書

二十七日晴

得八弟書（病初癒倚枕作）知富陽文卸府委代理新城男衍度

歲而已

二十八日晴

仲彝携書四十冊皆精品邀余爲之鑒别宋佳者大二徵

山水一幅程青溪棧道圖上有氣魄餘皆王惲戴諸賢卷冊同蹣跚未能健尚須醫藥不及縱觀細賞也

二十九日晴

余生日忽忽又一年矣是日校周禮後

三十日晴

過仲僊遇楚寶略談

崔浩之禍國由國史然魏世祖後亦悔之有崔司徒可惜李宣城可哀之語何至盛怒之下夷族及其姻親浩傳第四真君十一年下詔誅浩其後欽浩毀佛經害李順以示報讎而已北魏書李順傳已

比致之北史順死後數年其從父弟孝伯為世祖知重居中用事及浩之誅世祖悔甚謂孝伯曰卿從兄往雖誤國朕意亦未便至此由浩譖毀朕忿遂致殺卿從兄者浩也浩之譖順通國皆知而孝伯宣播帝語明述播其傾浩之迹疑浩之族孝伯有力焉浩傳敘其夢云餓而順弟息號哭而出以戈擊之甚悉按於河是隱指孝伯輩也高允傳浩之被收也允直中書省恭宗使吳延召允入仍留宿宮內翌日恭宗入奏世祖命允驂乘謂曰入當見至尊吾自導卿脫至尊有問但依吾語允請曰為何等事也恭宗曰入自知之既收浩之事恭宗頗問何極力為允脫罪曾不

為浩一言恭宗之揔百揆浩實輔政使與浩相得諒不至視其族滅極不申請涼州之役李順等言姑臧無水草恭宗亦有疑意及世祖至姑臧以澤草茂盛詰恭宗疑此語乃浩為之恭宗雖謂實臣以言者何面見帝為解而忌浩之智已萌於此矣則浩之禍實萌於涼州一役違衆建議以氣陵人也第不解伯起作史之目何不直敘其事豈其詳於李順傳中而今佚之耶要之浩之罪高允所云犯觸罪不至死之謹得之當時世祖震怒於上太子坐視於下舉無一人為之申理必別有故而以浩之三世寵眷倏忽誅夷又可慨然於仕宦之為畏途也

十一月初一日晴

仲儒來與之偕至晦若處略坐復安圃書並寄鶴巢一函

王敬則以高武舊將延事有雅譽蕭衍鍾遂之十餘萬明帝之疾已篤東昏至急忠襄激走少日而敗豈武進陵竟無靈冥本能假手以復金翅食小龍之仇哉蓋蕭齊諸將精忠而敬則初非能忠於故主者其反也特以張瓌平東之號怵之相逼而謝朓洩謀徐岳告密倉卒而起遂甚至會稽後心懷憂恐盡自安之策初未嘗處心積慮為高武子孫求復舊基也豈為高

武討明帝自是義舉敬則所興乎哉宜能令其成義舉之名
此中蓋有天焉蕭子顯乃高帝之孫親見明帝殺戮高宗之
慘故於敬則之舉亦有幸詞於敬則之兵敗有惜詞贊則
明之戮高武子孫為齊之害宋宗室何與所謂天道好還疏
而不漏袁劉忠於宋而不能救宋之亡況敬則之於高武乎此類
篡弒以國之民為臣不忠天亦不使其以享忠臣之難也神志
永明十年詔褚淵王儉柳世隆王敬則陳顯達李安民配饗太祖
廟建武時敬則顯達尚存輒稱故驃騎大將軍王敬則故鎮東大將
軍陳顯達亦奇

初二日晴

鞠耦又病

皇華紀聞云東阿令李君經邦說阿膠真者煮用阿井浸用狼溪之水狼溪堤中水也舊聞杭西湖産蓴必浸以蕭山湘湖之水乃佳物類相感志惜未及此今阿膠佳者極少更無人知以狼溪浸膠之說矣

初三日陰

于州堂石影

初四日晴

鞠耦之疾醫者莫明殆由思母鬱悶所致守不藥中醫之說云云

初五日晴

獨坐無憀閱訪話自遣

南齊書王敬則傳與壽寂之同覽景和又云太祖命敬則於殿內伺機未有定日既而楊玉夫等危急殞帝敬則時在家將首投敬則敘弒蒼梧事浮沈若玉夫自行弒逆者非為敬則諱為太祖諱也按南史敘七月戊子事亦云道成與直閤將軍王敬則謀之郎子頸所謂伺機則明是道成敬則預結玉夫伺機弒帝耳對子頸謀後其交結之迹遂若敬則自伺機玉夫適行弒逆者否則蒼梧之首何以遽將投敬則耶南齊書又云敬則馳首詣太祖太祖慮

蒼梧所誅不聞乃於牖上投進其首似太祖倉卒聞變全不知情以
桓康傳證之七月六日少帝微行至領軍府帝左右人曰一府人皆眠
何不緣牆入帝曰我今夕欲一處作適待明日夜康與太祖所養健
兒盧荒向黑於門間聽得其語昨夕微則將帝首至和門康謂是
安與荒黑曉下拔白丹陽書是玉夫所以必于夕行弑者道成與桓
康之推刻期弒帝而不遽聞內者康等恐蒼梧之誅阻之也夫
篡弒之禍自春秋時已亂賊接迹至於六朝則數若牛
莫之敢尸之說久迂視之名分蕩然視如草菅廝之國非家
從高武子孫受禍尤慘豈非自積之餘殃哉

初六日晴

吳蕡臣盛杏孫同来

蕭順之為梁武之父傳附武紀梁書僅具官位南史武紀前稍詳

如云宋帝昏虐齊高謀出外順之以為一旦奔亡則危禍不測及如

因人之欲行伊霍之事齊高深然之又云袁粲據石頭順之聞難

作率家兵據朱雀橋黃回覘人還告曰朱雀橋南一長者英威毅

然坐胡牀南向回曰蕭順之也遂不敢出時微是者石頭義不捷

矣及齊高即位深相忌憚故不居台輔此或梁武即位後粉飾

之詞以齊之創業全賴其父隱然若肇基王迹者就令所

言皆實之一篡逆之死黨耳何足為深哉考南史魚腹侯子
響傳上遣順之領兵往子響順之將發文惠太子素忌子響密
遣不許還令便為之所子響見順之欲自申明順之不許於射堂
縊殺之子響密作啟藏妃王氏裙腰中具自申明及順之還上甚
悵恨有日於華林為子響作齋上自行香及見順之嗚咽移時
順之慙懼感病遂以憂卒南齊書者作於梁時有所隱諱自
不如南史之詳實也合而觀之前則助逆臣而導以不忠之計後
則猶太子而成其不友之德遂至取忌恨懸樹之以毀是亦宗室
間一陰賊無義之人耳梁之積寫如此宜其享國不長哉

初七日晴

李子丹来谈，濡弟及王卅来

初八日陰

初九日晴

初十日晴

得廉生書李佐目都中来

十一日陰

十二日大風揚沙

檢點書籍略有就緒惟宋本祖龍學集不知遺落何所悶甚

十三日晴風略止甚寒

得梁山書復王初一函患處外時甚痛殆衰象也

十四日晴

過晦若少坐合肥各談未少桐來遂過儀齋

俄使畢大小帕米爾洪鈞據俄圖以為非中國界遂撤蘇滿之卡俄即進兵守之譯署惶惑求計於合肥羅豐祿據英圖喀約駮洪說一日譯使所寄圖乃英地學家裴臣所繪之界雖特雅什里湖蘇滿及哈喇克馬尔巴尔嘖赤狄臣據根郝那覓尔等均中晰一日泰謨斯新報圖英俄之晰俄界係由圖後見蘇山脈循穆尔根布河及奧克色斯江則舒格南等處目非俄地一日英領事云英俄約自維多利亞湖南而直畫一線之東皆中國則大小帕米爾自屬中國合肥據以復

譯署並詢傳生關擬以烏斯別里山之經綫為界北自烏斯別里山以一直往南至阿富汗界之薩雷庫里湖為止如此則大帕米爾可得大半小帕米爾亦全境得在綫內蓋作書時本擬論斥洪說梅若以胡文忠圖校內府輿圖大小帕米爾在界外遂以洪圖非據俄圖實校胡圖合肥兩存其說不免遷就不知內府之綫乃喀什噶爾界綫非中俄界綫也余既不預聞其事亦只默之深惜合肥持論尚未能斬截了當俄自得此地足以窺印度瞰後藏並踐回以搖藩籬即合肥力爭亦無能挽回而洪鈞不得自定邊界創議自撤藩籬之守明明揖盜真該國奸人也

十五日晴

三日來人頗嬾悶

呂東萊集四十卷者不可得余所藏乃陳思臚本二十卷者亦佳至家傳敘呂好問勸張邦昌奉委曲詳盡所謂含垢忍恥以就大計者然人生遇此等變故即忍死辭亡終是可惜不如一死塞責為斬截痛快姜伯約之於蜀亦然

十六日陰有風

檢得龍學集為之一快午後閱毛詩稽古編一二卷為潤師代作陳春麓讀書識小錄序春麓名震文安人乃陳子嶠之族潤師大父

之師其所錄雜采漢宋間以訐譌非説經之體也得重湖書

十七日晴

寄澗師書

閱紫巖詩選詩凡三卷于石字介翁藝之蘭谿人宋遺民也況椒園有跋云介翁貌古氣剛義疏諧幼慕杜古高之爲人後從王宗蓑業詞賦年三十而宋亡遂高隱不出以詩自豪所居鄉名紫巖因以之爲號晚徙城中更號兩谿集久不傳之者僅此冊耳同里明人吳師道字正傳元至治間進士爲之選次金履祥爲之序詩凡三卷內闕二頁其來已久不復能補矣乾隆丁亥汪某中容抄特貯藏之隱

拙齋誠未爲知不足齋重錄後有道府變過眼時年八十二一行惜未刻入叢書甚詩若存若亡矣

廿八日陰

十九日雪

復子涵書

二十日雪霽

寄帖數種還綠古復康生書連日心境粗浮讀書殊無所得

謝晞髮集惟平湖陸大業所編者較有條理共晞髮集十卷晞髮遺集二卷遺集補一卷附天地間集一卷西臺慟哭記注冬青引注一卷天地間集已非完帙原五卷余所藏乃明歙縣程煦所刊僅詩文五卷附錄一卷非足本則知不足齋本亦不全也

二十一日晴

二十二日陰

于艸堂石影

二十二日陰

與鄧班卿書論等韻之學

亟初以等韻一得兩卷本 皇朝通志七音略以國書十二字頭為主又

有書詢康熙字典等韻兩卷本之例書余棄字典兩卷本出於貫

珠集之歌訣且以下卷通成十六攝則取之切韻指南特劉氏始通終

感故曰切韻字典用等子舊法始果終流故曰切音惟前揭十二攝及

寄韻閒寄入諸歌訣不知所本證之提要存目於梅建所刊重刊馬氏等

音外集內集云借用入聲以葉東叙韻表之說疑借入歌訣蓋取

諸呼寄韻則指掌圖舊例也指掌圖二十圖獨高交驕驍二獨

公〇弓〇三獨孤〇居拘四獨鉤〇鳩樛五獨甘監〇緘六獨〇〇金〇七開

干姦揵堅八合官關勬涓九開根〇巾斤十合昆〇君均十一開歌嘉迦

〇十二合戈瘸〇〇十三開岡〇薑〇十四合光江惶〇十五合觥肱〇扃十六開

裲庚驚經十七開該皆〇〇十八開〇〇姬雞十九合傀膎圭二十合媯㳅〇〇字

崴之十二構迦十二合兼十一開結借入作平十二開嵩函十三開十四合庚十六開併十五合二獨械十八開併三獨烏一獨

該十七開併二十合傀十九合根九開併六獨十合干七開八合鉤四獨歌十一開其以根併

金以干併甘瘸樛乃參以字彙橫圖直圖而成者特以切韻指南平上

去入分等詳之瞭然似異其字彙兩圖之淺樸耳其時甚谿未須修

書故音韻闡微之文其說不待揵要始痛詆字彙也

二十四日陰

午後突得富陽宗甥電八弟於廿三日辰刻去世聞之悲痛無以慰母一生苦節僅存八弟竟無子如何電商九弟赴杭風雪波濤未知其氣體能耐此勞苦否天色慘淡枯坐斗室中熱淚橫流萬感交集真不知有生之樂也

二十五日陰有風

九弟電來欲以其次子承繼八弟難允之

二十六日大風揚沙奇冷

二十七日風霾如昨日

二十八日昨夜風略止侵晨風仍猛烈冷甚滴水皆冰
得仲良書
二十九日風
得九弟電初三四赴杭呵凍作書淚痕滿紙
三十日風略小仍寒
戴之似可到杭作一書交湘文轉交三兒書來欲赴富陽畢竟
手足情深視漠不關懷者迥異作書止之
慈聖發內帑二萬振卹順直間飢民遍地連日風勢必有凍餒而死者
甚眾殊堪憫惻也

十二月初一日晴有風

晦若容民來相慰藉湘文亦有電

初二日晴風止

得鶴巢書以寄暘民詞一闋見示

初三日晴

合肥送遵化州志來夜暇細閱亦湯伯述作序

初四日晴

有摺便入都寄安圃書第十一號又寄九弟一書交湘文轉送

初五日晴晨起微雪漸密天似欲晴又略寒

得昨日九弟電初四坐德公司船赴滬屬季玉大使德昌代辦

初六日雪

復誼卿書

初七日雪

宋史包孝肅傳初有子名繶娶崔氏通判潭州卒崔守死不嫁極當出其媵在父母家生子崔密撫其母使謹視之繶死後取媵子歸名曰綖偶閱南澗甲乙稿則云通判潭州者名誕不知史誤抑錦死名誤記也包孝肅祠在崔氏節婦之堂世傳孝肅無子因其對仁宗一言實則有子也

初八日雪甚大
電滬局詢九弟到滬否
初九日雪霽
晦若約談与伯述商州志序再小坐還閣
初十日晴
聞木鐘集買祭田六十畝擇族中無田者種之以租供祭掃以糧濟族中
之貧寒者銀四百七十兩九弟所寄者三百金余以百七十金足之
十一日晴
寄都信及鶴巢書得九弟書乃十一月初所寄

閱南匯文鈔四卷半應制及四庫提要未有時文序

十二日晴

得玉初書

十三日晴

復玉初書張筱傳自通州來夜得戴之書云得八弟十一月十一日親筆

尚云病體漸愈距其殁十二日耳不知因何變證聞之淚下不止

十四日晴

李贇臣來過仲璋略話電以戴之並以電問滬局探九弟到滬

吾心境紛如

十五日晴

在爾雅館半日与内人茗談遣閒而已

十六日晴

花農來談得康生書云冀北之病漸愈

十七日晴

保定康生許涵志上書合肥頗執贄從余游合肥許之今日來見
字士先乃浙江紹興籍寄居保定者其父官教諭從兄涵度官山
西忻州貲以膏火肆業蓮池似不滿於主講者故自求名師從余
非凡人也辭之不可許以寄文而不許其稱師詢其所業則從欲左

氏詩將昌谷年二十七矣

十八日晴

至夏茂才處小坐仲彭處館師

十九日晴

寄潤師及康生鶴巢書

二十日晴

至晦若處小坐費屺來

二十一日晴

仲韓有疾候之

二十二日晴

高陽饋歲有書賈振勝入都捦食物答之亦不暇作書也龍異厚菴

著牧来云明年正月二十六日刑考

二十三日晴

二十四日晴

八弟生日也念七八兩弟爲之惘然不樂者竟日

二十五日晴

課兩兒爲明年應小試計

得九弟書眷屬至杭八弟匿停湖上明年遷回

二十六日晴

得九弟書 五姊殉烈後攢於浙之雞籠山者二十二年擬遷之還里啟櫬面色如生嘻異矣以此悟忠骸到骨萬年不朽也

二十七日晴

至海軍公所答謝伯行仲彭以六弟手柬言也得高陽書

二十八日晴

趙菁衫以漁翁小像索題並贈秋谷臣稷一冊（亦佳疑是傳迹）牙板一方萬字

香四合

二十九日晴

王懷祖先生論古韵當分二十一部又論詩隨處有韻云詩補韵不載而所謂詩補均不可得見忽有以所書古音詩表來售者附錄一冊全是詩韻雖仍照十七部而分配入部大有更易後附經義述聞論詩韻一條執莊上校證一從與述聞小異即述聞所謂初說段氏大以為

是者也六書音均表亦有評改箋題王懷祖及正本而書無圖記不知為王懷祖手迹抑複抄之本以索價太昂力不能有之乃過兩日之力悉錄之六書音均表上從段氏齋中文選韻書一種矣亦急當明年中破關之是也

二十日晴

寄九弟書

徐騎省集藏書有舊抄本李達云有明刊本未之見也近影縣李宗媚得舊抄刻之之適有書賈持集因借閱一過以消遣歲華有除夜一首云寒燈耿耿漏遲遲送故迎新了不欺往事併隨殘曆日春風

甯識舊容儀頓懸歲酒難先飲更附鄉儺羨小兒吟罷明朝

賭知己便須題作去年詩案此詩在第二卷猶是仕南唐作度年來

衰老不知何以淒苦乃爾知亡國君臣衰颯之氣已流露於毫端矣